Conserver cette feuille de garde et la couverture ci-dessous

LES

GRANDS PEINTRES

DE

LA FRANCE

TYPOGRAPHIE FIRMIN-DIDOT. — MESNIL (EURE).

LES
GRANDS PEINTRES
DE
LA FRANCE

PAR

T. DE WYZEWA ET X. PERREAU

OUVRAGE ORNÉ DE 124 GRAVURES

PARIS
LIBRAIRIE DE FIRMIN-DIDOT ET Cie
IMPRIMEURS DE L'INSTITUT, RUE JACOB, 56

1899

HISTOIRE

DE LA

PEINTURE FRANÇAISE.

PREMIÈRE PARTIE.

LES ORIGINES DE LA PEINTURE FRANÇAISE, DU DOUZIÈME AU DIX-SEPTIÈME SIÈCLE.

CHAPITRE PREMIER.

LA FRESQUE ET LE VITRAIL.

La peinture française débute aux premiers temps de notre histoire nationale. Les Francs eux-mêmes avaient une peinture, inspirée sans doute de l'art gallo-romain. Dès le temps de Childebert, les murs de Saint-Germain des Prés étaient couverts de *peintures*. Bientôt, l'usage de peindre les églises devint universel, et Charlemagne le rendit obligatoire dans ses *Capitu-*

laires. Aujourd'hui encore, quelques églises conservent des traces de *fresques*, c'est-à-dire de peintures exécutées directement sur leurs murs : et ces rares vestiges suffisent à faire voir l'incessant effort du génie français pour se dégager des influences byzantines, des formules anciennes et des types convenus, pour marcher vers un art plus libre, plus mouvementé et plus expressif. Que l'on compare les fresques du neuvième siècle conservées dans l'église *Saint-Loup de Naud*, près de Provins, aux fresques du douzième siècle provenant de l'*abbaye de Charlieu* et appartenant au musée de Cluny, ou bien aux fresques de l'église de *Saint-Chef* en Isère, qui remontent également à la fin du douzième siècle. On verra dans ces dernières peintures, malgré l'allongement exagéré des formes et bien des gaucheries d'exécution, une souplesse de lignes, un sens de composition, une variété d'attitudes, un mouvement, une vérité d'expression qui révèlent déjà le goût français, et qui mettent l'art français du douzième siècle non seulement au-dessus de l'art grossier et puéril du neuvième, mais encore au-dessus de ce que produisaient, à la même époque, l'Italie et les Flandres.

Dès le treizième siècle, l'émancipation s'accentue. La peinture murale française acquiert une originalité merveilleuse, qu'elle va garder jusqu'au début du seizième siècle, et dont une fresque de la *cathédrale d'Autun* nous donne le plus saisissant modèle. Cette fresque représente une procession votive : trente personnages, prélats, seigneurs et dames, s'avancent, précédés du Pape, qui porte une image de la Vierge.

« On croirait voir, dit justement M. Berger (1), le carton de l'une de ces belles tapisseries flamandes du quinzième siècle

(1) G. Berger, *l'École française de peinture, depuis ses origines jusqu'à la fin du règne de Louis XIV*; 1 vol.; Hachette, 1879.

où l'on constate l'influence française. Les costumes sont d'une exactitude scrupuleuse. On ne trouve plus dans les visages les impassibles grimaces du moyen âge : tous sont empreints d'une bonhomie naturelle dans leur dévotion naïve. »

D'un tout autre caractère, mais non moins charmantes et originales, sont les figures d'anges qui se détachent sur un fond bleu étoilé, dans la chapelle de l'ancienne *Maison de Jacques*

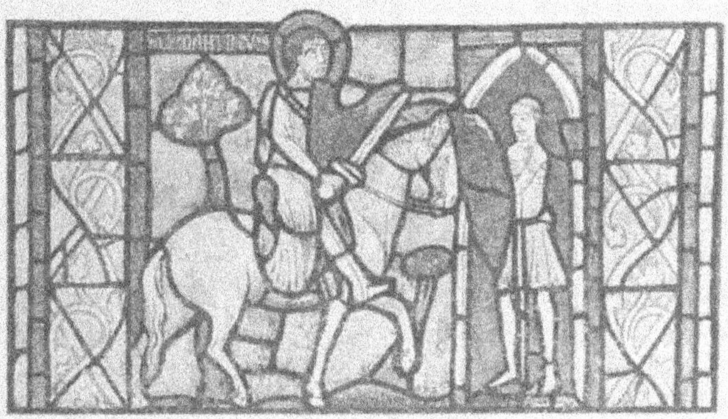

Légende de saint Martin. (Verrière de Gercy, XIIe siècle.)

Cœur, à Bourges. Jamais les maîtres italiens du quinzième siècle, les Botticelli, les Cosimo Rosselli, n'ont réalisé des figures juvéniles plus gracieuses et plus élégantes.

Enfin, la fresque des *Arts libéraux*, conservée dans l'église Notre-Dame-du-Puy, et qui avait été faussement attribuée au peintre italien Garofalo, nous fait voir à merveille le succès avec lequel nos peintres français ont su, au seizième siècle, acquérir la grâce et la pureté de lignes de l'art florentin.

Ainsi, la peinture murale, sortie de l'art byzantin, promettait, après une lutte séculaire, de devenir un art vivant et sincère, où notre génie national pourrait atteindre à son expression la plus haute. Mais l'avenir de la fresque fut bientôt compromis en France, comme dans les autres pays, par la substitution de l'architecture gothique à l'architecture romane. Le gothique, avec ses formes élancées et son goût de l'ogive, avait, peu à peu, étendu les proportions de l'édifice dans le sens de la hauteur : il avait évidé et fragmenté, dès le treizième siècle, les grandes surfaces qui semblaient si naturellement destinées à recevoir la fresque; et celle-ci avait dû se réfugier dans les chapelles latérales. En revanche, de larges et hautes fenêtres s'ouvraient, donnant naissance à un art nouveau, essentiellement français : la peinture sur verre, le *vitrail*.

Cet art du vitrail nous appartient véritablement : aucun peuple ne l'a exercé avec autant d'éclat; aucun ne se l'est aussi entièrement approprié, au point d'en faire une partie intégrante de l'architecture de ses édifices. Pratiquée de très bonne heure, la peinture sur verre française réalise déjà un degré de perfection incomparable au douzième siècle, à l'époque où l'abbé Suger fait garnir de vitraux la basilique de Saint-Denis.

Les vitraux de *Saint-Denis* nous donnent l'idée la plus complète de ce qu'était à cette époque le vitrail français. Leur effet général, très peu varié, est d'un bleu violet, avec des notes rouges flamboyantes. L'impression est d'une extrême douceur, alliée à une puissance prodigieuse. Dans la chaleur veloutée de ce coloris, des personnages se meuvent, des légendes se déploient. Le dessin, à dire vrai, est loin d'atteindre à la même perfection que la couleur : la composition est gênée par les cadres fragmentés du verre, les gestes sont raides, les expressions indécises ou exagérées. Mais il ne faut pas oublier que, dans le vitrail, c'est à la couleur que revient le rôle principal,

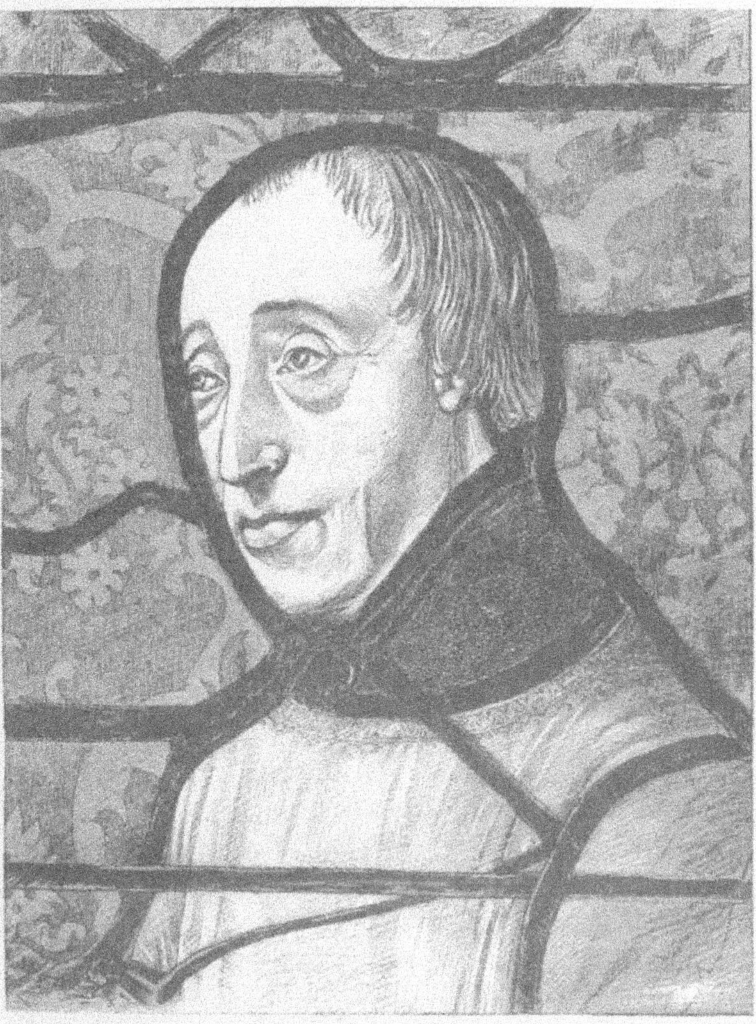

Le cardinal Charles de Bourbon.
(D'après une verrière de la cathédrale de Moulins. — Fin du XVe siècle.)

et jamais on n'a compris aussi bien qu'au douzième siècle la nécessité d'admettre la lumière comme un collaborateur du coloris, dans la peinture sur verre. C'est à la façon dont elles tamisent la lumière, dont elles s'imprègnent de la lumière, que les verrières de Saint-Denis doivent leur caractère mystérieux de charme et de grandeur. Dans d'autres vitraux du douzième siècle, le dessin est déjà plus libre et plus parfait. Les verrières de *Gercy*, notamment, constituent, à ce point de vue, un progrès incontestable sur celles de Saint-Denis.

Au treizième siècle, tous les arts, sous l'influence de l'un d'eux, la miniature, prennent un développement considérable et sont entraînés dans un rapide mouvement d'émancipation. C'est ainsi que le vitrail acquiert, dès cette époque, un coloris plus nuancé, se pénètre d'une vie nouvelle, plus libre, plus homogène, donnant une part plus large au dessin et à la composition. Il suffit de citer, à Paris, les vitraux de la *Sainte-Chapelle*, la rosace de *Notre-Dame*, et plusieurs verrières des treizième, quatorzième et quinzième siècles, conservées au musée de Cluny.

Au seizième siècle, une nouvelle évolution se produit. Le dessin, délié des entraves matérielles qui le fragmentaient et l'emprisonnaient, se pose légèrement sur un fond clair, où ressortent, avec des teintes variées, et parmi de délicats ornements, les harmonieux détails de la composition. Le vitrail devient un véritable tableau, souvent un tableau plein d'élégance et de mouvement. Mais l'effet général a perdu sa puissance : le sentiment du but s'est effacé. Précisément parce que l'on a devant soi un tableau, on n'a plus cette chose pour ainsi dire surnaturelle, ce chaud rayonnement de lumière et de couleur, qu'était la verrière du moyen âge.

CHAPITRE II.

La miniature.

JEHAN FOUQUET.

La peinture sur verre n'est pas le seul art où la France ait devancé et constamment dépassé les autres nations. La *miniature*, ou illustration des manuscrits, est, comme le vitrail, un genre essentiellement français, et où notre pays, tout en donnant l'exemple aux pays voisins, est demeuré sans rival.

En même temps que se bâtissaient les cathédrales, le goût de l'art se répandait, et l'on commençait à revêtir d'une forme artistique les moindres objets de la vie usuelle. On se prenait d'amour, notamment, pour les beaux livres, et la calligraphie acquérait une importance considérable. Dans les couvents, les moines employaient des années à copier un manuscrit, s'ingéniant à former des lettres élégantes et originales. Peu à peu le goût de l'ornementation vint se joindre à celui de la belle écriture. On se mit à inventer des encadrements de pages; des enjolivements de toute sorte rehaussèrent les lettres capitales, et bientôt cette ornementation elle-même parut insuffisante. On éprouva le désir de décorer d'images véritables les manuscrits que l'on copiait. C'est ainsi qu'est née la miniature, ou *enluminure*, qui est, en réalité, une peinture, s'aidant à la fois du dessin et de la couleur, exigeant, comme la peinture de tableaux la plus parfaite, toutes les connaissances techniques.

L'art de la miniature, si modeste en apparence, fut la source bienfaisante qui alimenta et vivifia tous les autres arts jusqu'au dix-septième siècle. C'est lui qui, après s'être lui-même développé en toute liberté, vint affranchir des traditions et des formules anciennes la peinture murale et la peinture de tableaux. Et c'est lui qui, se répandant hors de la France où il était devenu l'art national, a donné naissance en Flandre et en Allemagne à des écoles d'enlumineurs qui ont elles-mêmes produit les grandes écoles de peinture de tableaux dans ces deux pays. Les frères Van Eyck, les glorieux promoteurs de la peinture moderne, sont nés et se sont formés à Mas Eyck, dans la ville des Flandres la plus renommée pour ses manuscrits. L'art allemand du quinzième siècle a trouvé son point de départ dans les œuvres d'enlumineurs venus de France ou imitant les Français.

Dès les temps carlovingiens, la miniature est cultivée en France, et dès ce moment on peut distinguer dans les miniatures divers styles qui tous se différencient déjà plus ou moins de la manière byzantine. Au douzième siècle, de grandes écoles se forment dans les diverses provinces de notre pays; celles du Limousin, de la Provence, de l'Aquitaine, de la Bourgogne, produisent des enluminures très soignées, et d'une exécution très habile.

Au treizième siècle, pendant que Cimabue et Duccio engagent la peinture italienne dans une voie nouvelle, la peinture française, de son côté, se transforme et acquiert des qualités précieuses. L'influence des croisades et des communications qu'elles amènent entre les différents pays, l'influence de l'affranchissement des communes et de l'état social nouveau qui

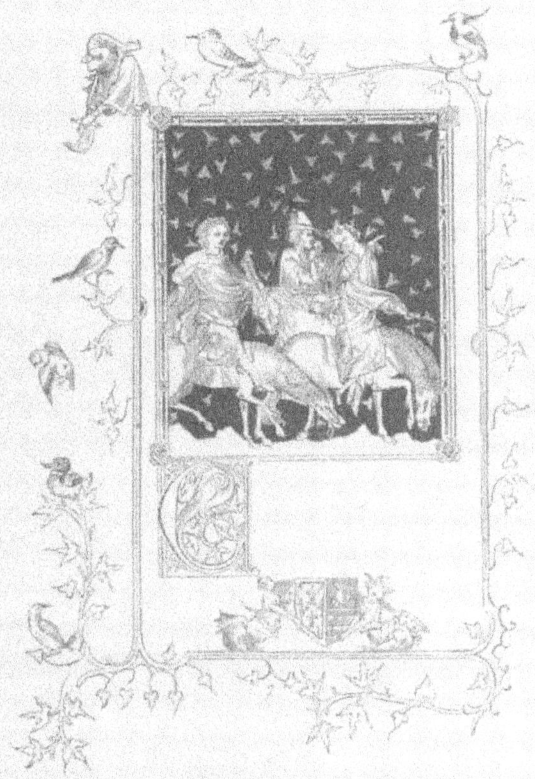

LES TROIS VIFS.
MINIATURE DU PSAUTIER DE BONNE DE LUXEMBOURG. — XIVe SIÈCLE.
(Collection Ambroise Firmin-Didot.)

en résulte, bien d'autres causes encore viennent accélérer le développement de notre art national; et, cette fois encore, la miniature marche au premier rang dans le chemin du progrès.

La première, elle se trouve prête à traduire les besoins universels des âmes de ce temps; la première, elle s'émancipe de la discipline du cloître pour devenir un art laïque, cultivé non plus par des moines, mais par des enlumineurs de profession,

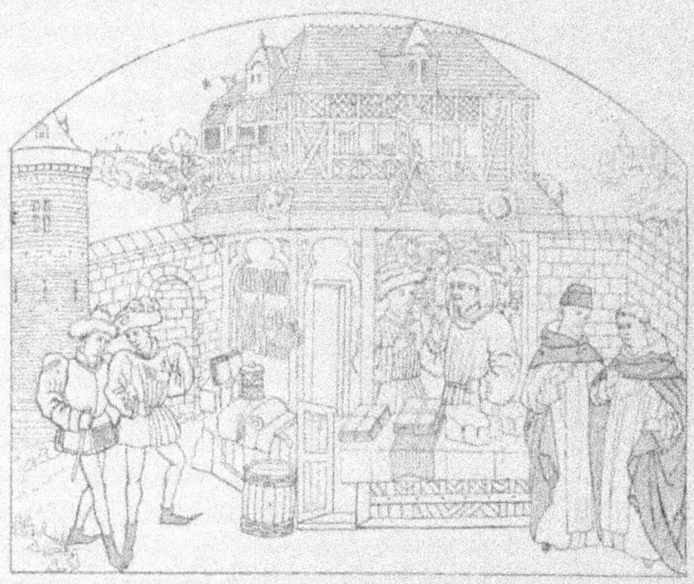

Miniature tirée d'un manuscrit du XVe siècle.
(Bibliothèque de Rouen.)

libres de toute entrave, et exclusivement occupés de leur travail artistique. Bien mieux que le moine son devancier, le miniaturiste du treizième siècle, laïque et directement sorti du peuple, est en état d'observer la nature extérieure et de la rendre dans tous ses détails. Aussi voyons-nous de plus en plus les écoles locales se distinguer les unes des autres : chacune emprunte à la flore particulière de sa région le point de départ de ses ornements. En même temps la chevalerie, les récits des trouvères, les grands faits de la croisade fournissent à l'imagerie des sujets inconnus jusque-là, plus propres que les sujets

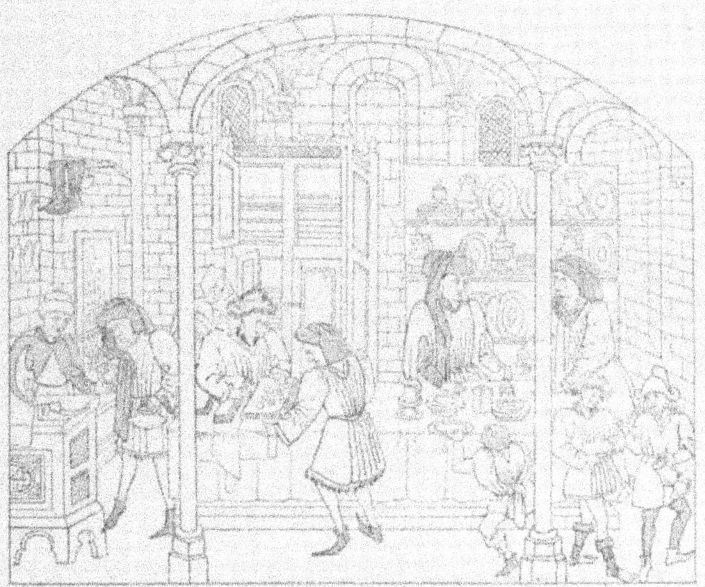

Miniature tirée d'un manuscrit du XVe siècle.
(Bibliothèque de Rouen.)

purement religieux à traduire l'observation directe et complète de la vie réelle. Et bientôt les enlumineurs, donnant l'exemple aux autres artistes, se réunissent en corporations; ils y trouvent un moyen de lutter avec plus de fruit contre les traditions qu'ils veulent détrôner.

C'est au quatorzième siècle que la miniature française atteint son apogée : en France, elle produit la peinture de tableaux, qui n'est d'abord qu'un agrandissement de l'enluminure ; en Flandre, en Hollande, en Allemagne, elle donne naissance aux écoles que nous avons déjà signalées, et d'où vont sortir bientôt les Van Eyck, les Memling, les Bouts, les Maître Guillaume.

Le moment n'est pourtant guère favorable, dans notre pays, aux progrès artistiques. La guerre de cent ans sévit : les Anglais occupent la France : tout n'est que misère et incertitude. Mais l'art français trouve un asile sûr et précieux à la cour de Bourgogne. A Dijon, nos artistes travaillent auprès des ducs bourguignons, qui, étant aussi les héritiers des comtes de Flandre, s'efforcent d'opérer un mélange de l'esprit français et de l'esprit flamand. Les Flandres avaient déjà des miniaturistes : mais c'est au contact des maîtres français qu'ils ont acquis cette finesse, cette élégance et cette légèreté, qu'on retrouvera bientôt dans les images de leur Jean de Bruges et dans les tableaux de leurs van Eyck. Les Français, d'autre part, empruntent aux Flamands leur goût du réalisme le plus minutieux, leur sûreté de dessin, leur extrême habileté technique ; c'est grâce à cet heureux échange des deux manières que la France est en état, au quinzième siècle, de produire le plus illustre des maîtres de l'enluminure : Jehan Fouquet, de Tours.

On sait peu de chose sur la vie de Jehan Fouquet, qui est né vers 1415, et qui fut le peintre officiel du roi Louis XI. Ses œuvres authentiques sont fort peu nombreuses, les tableaux et les tapisseries qu'on lui attribue sont vraisemblablement dus à ses élèves. Mais chacune des miniatures qui nous sont restées de Fouquet est un chef-d'œuvre merveilleux où toutes les qualités du goût français s'allient avec toute la minutie et toute l'habileté des maîtres flamands. Il suffit de considérer une grande miniature de la Bibliothèque de Munich, représentant une séance royale, pour apprécier l'immense supériorité de l'artiste tourangeau sur ses devanciers et ses contemporains, dont quelques-uns cependant, comme ANDRIEU BEAUNEVEU, de Valenciennes, ont fait preuve d'un talent remarquable. La Bi-

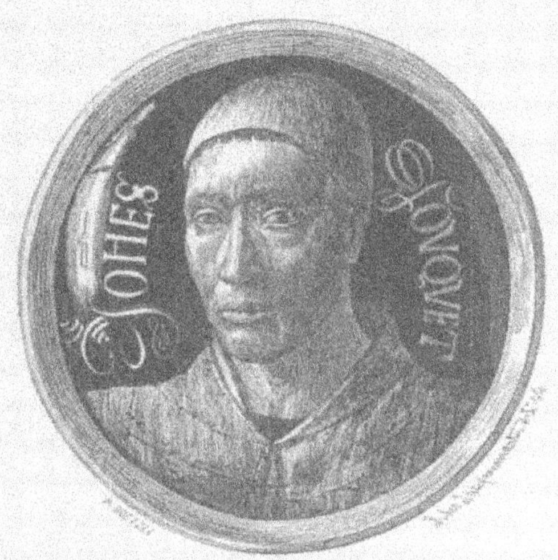

PORTRAIT DE JEHAN FOUQUET.
(D'après un émail du Musée du Louvre.)

bliothèque nationale possède précisément un manuscrit des *Antiquités juives*, où neuf miniatures de Fouquet s'accompagnent de quelques œuvres de son rival. La comparaison met en pleine lumière le génie de Fouquet; elle nous montre aussi l'avantage qu'a donné à ce maître son séjour en Italie, où il est allé peindre le portrait du pape Eugène IV, et d'où il a rapporté un sens de la composition inconnu aux Flamands.

Après Fouquet, et jusqu'à la fin du seizième siècle, la France a produit des miniaturistes de premier ordre : le Musée de

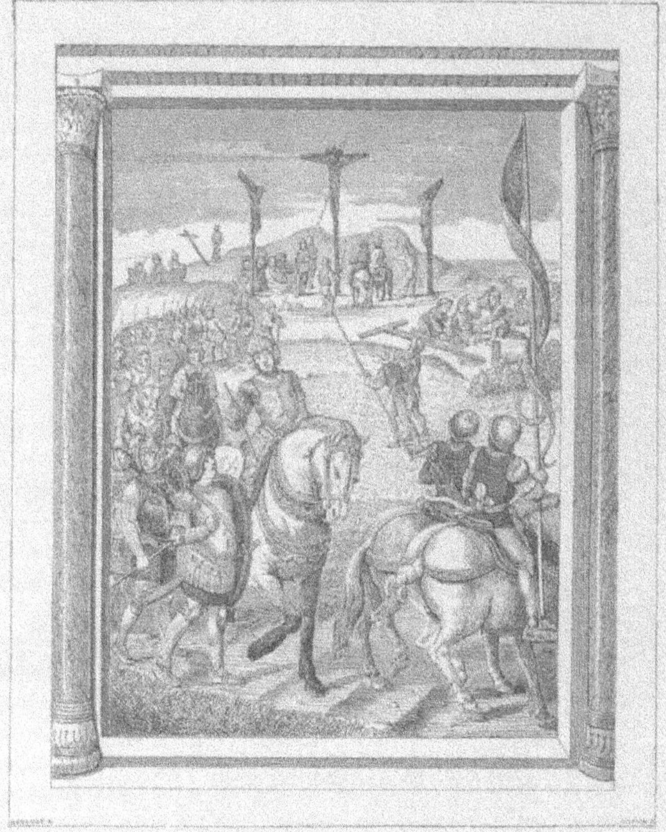

MINIATURE DE JEHAN FOUQUET. (Collection Ambroise Firmin-Didot.)

Cluny et la Bibliothèque nationale suffiraient à le prouver, au défaut de mille chefs-d'œuvre éparpillés dans des collections

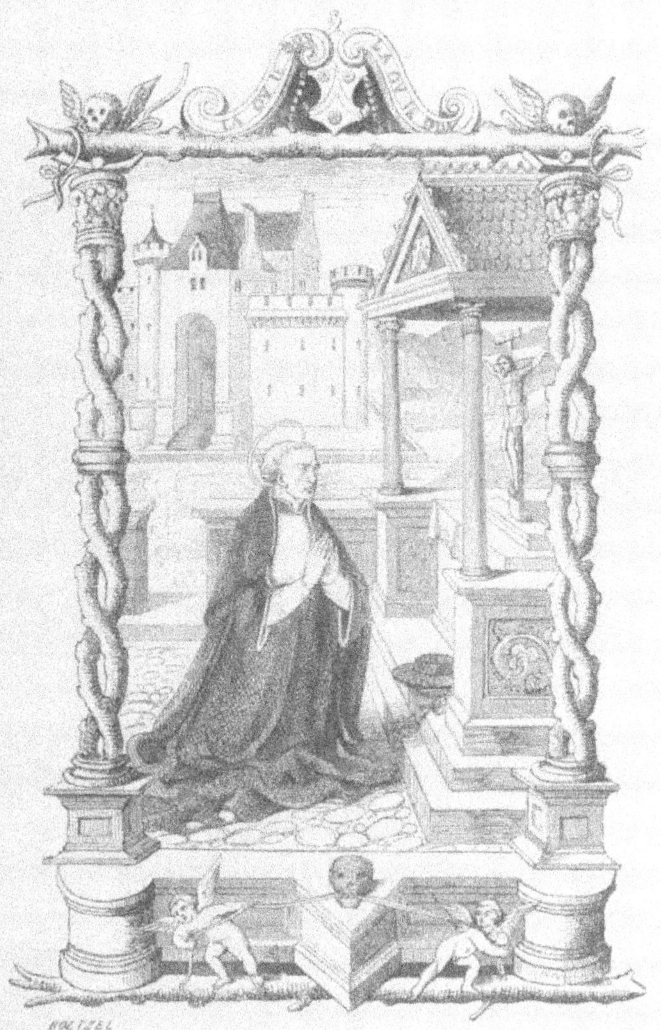

Le cardinal Sanguin.
(Miniature de la collection Ambroise Firmin-Didot.)

particulières. On peut dire cependant que les miniatures du seizième siècle, malgré la perfection de leur dessin et l'éclat infiniment nuancé de leur coloris, ont perdu la profonde sincérité d'expression des œuvres des siècles précédents. Elles ne sont plus, en réalité, que d'élégantes fantaisies; quelques-unes même poussent trop loin l'afféterie et le souci du charme extérieur. Désormais, c'est dans la peinture des tableaux, ou *plate peinture*, que va se manifester le génie artistique de notre pays.

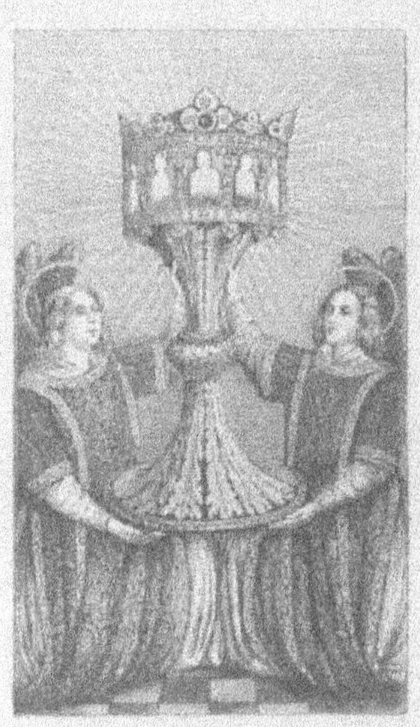

CHAPITRE III.

La peinture de tableaux.

JEHAN PERRÉAL, LE ROI RENÉ, JEAN COUSIN, LES CLOUET.

Nous l'avons dit, c'est de la miniature qu'est sortie en France la peinture de tableaux ; les premiers tableaux qui nous sont conservés ont encore tout l'air de miniatures agrandies.

Dès le quatorzième siècle, pourtant, la peinture de tableaux française acquiert un développement considérable et entre dans une voie de progrès incessants. Elle n'échappe pas aussi complètement que le vitrail et la miniature à toute influence étrangère : elle s'inspire manifestement de la peinture flamande, un peu aussi de la peinture italienne, que les Papes ont importée en France en confiant à des artistes de Sienne la décoration de leur palais d'Avignon. Mais, dès ce moment, nous voyons les peintres français se mouvoir à l'aise sous les influences du dehors, les accommodant à leur génie national, au lieu de les subir aveuglément. C'est ainsi que les œuvres françaises du quatorzième, du quinzième et du seizième siècle, tout en rappelant toujours la manière des maîtres flamands ou italiens, s'en distinguent le plus souvent par quelque chose de plus raisonnable, de plus harmonieux, de plus simple et de plus élégant : c'est encore par des qualités semblables que les œuvres des peintres classiques du dix-septième siècle se distingueront des œuvres italiennes dont elles seront inspirées.

Notre Louvre possède plusieurs tableaux du quatorzième siècle, dénotant, pour la plupart, des influences flamandes. L'un d'eux, un *Christ descendu de la Croix* (n° 650), nous présente une vue du vieux Paris, avec la Butte-Montmartre, le Louvre de Philippe-Auguste, etc. Un autre, plus grand et plus important ; le *Martyre de Saint Denys* (n° 875), est une composition très mouvementée et pleine d'expression, avec certains effets de couleur tout à fait originaux. Une *Vierge* d'une collection particulière, que nous reproduisons ici, se rapproche davantage encore de la manière flamande. Au musée de Cluny, la peinture du quatorzième siècle est représentée, entre autres choses, par un grand et beau *Calvaire*, provenant de l'église de Sauvagnat, dans le Puy-de-Dôme.

L'influence flamande se retrouve, au quinzième siècle, dans une *Mise au Tombeau* de la cathédrale du Puy, dans les peintures de la *Confrérie du Puy Notre-Dame*, à Amiens, et dans un très beau tableau du Louvre, la *Vierge aux Donateurs*, attribué à Jehan Perréal ou Jehan de Paris, qui fut le peintre officiel de Charles VIII. On a cru reconnaître, dans les deux donateurs agenouillés aux deux côtés de la Vierge, le roi Charles VIII et Anne de Bretagne : en tout cas, il est sûr que l'œuvre appartient à la manière du quinzième siècle. Elle est déjà d'une élégance toute française, avec ses gracieuses figures d'une expression contenue et fine; en même temps, le choix des couleurs et aussi une certaine raideur dans les lignes du dessin révèlent clairement l'influence flamande.

C'est, au contraire, à l'influence italienne qu'il convient de

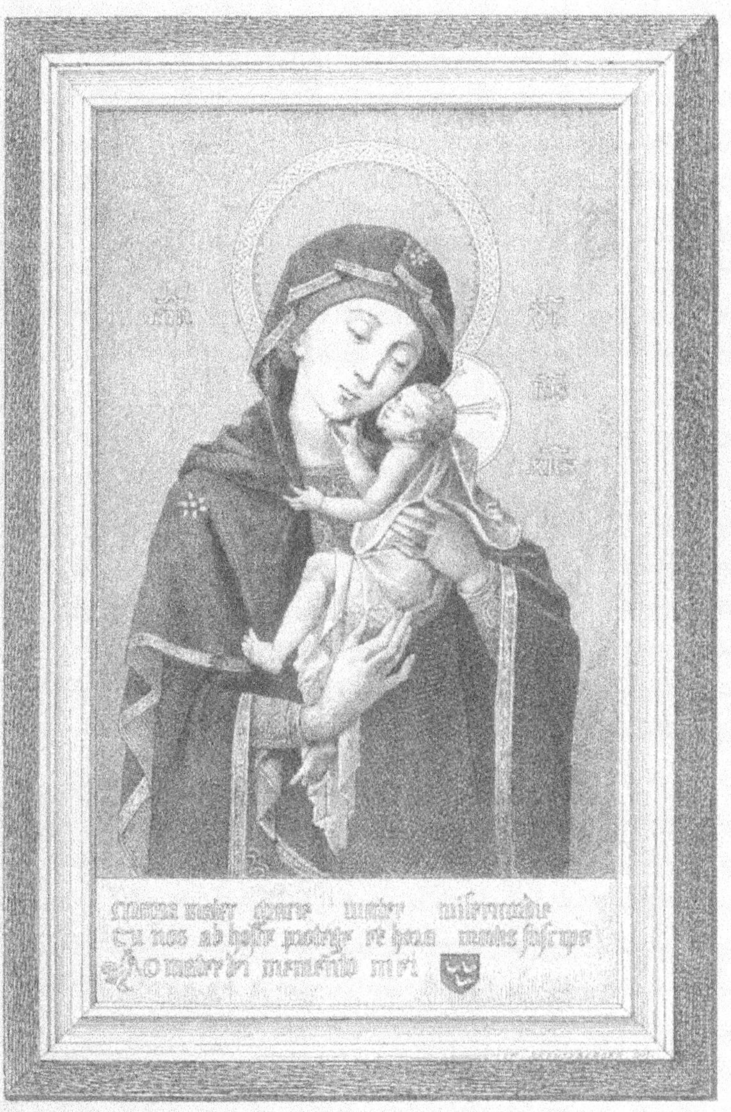

La Vierge et l'Enfant; peinture du XIVe siècle.

rattacher diverses peintures des musées de Nîmes et d'Avignon, et les tableaux attribués au ROI RENÉ : le *Triptyque* de la

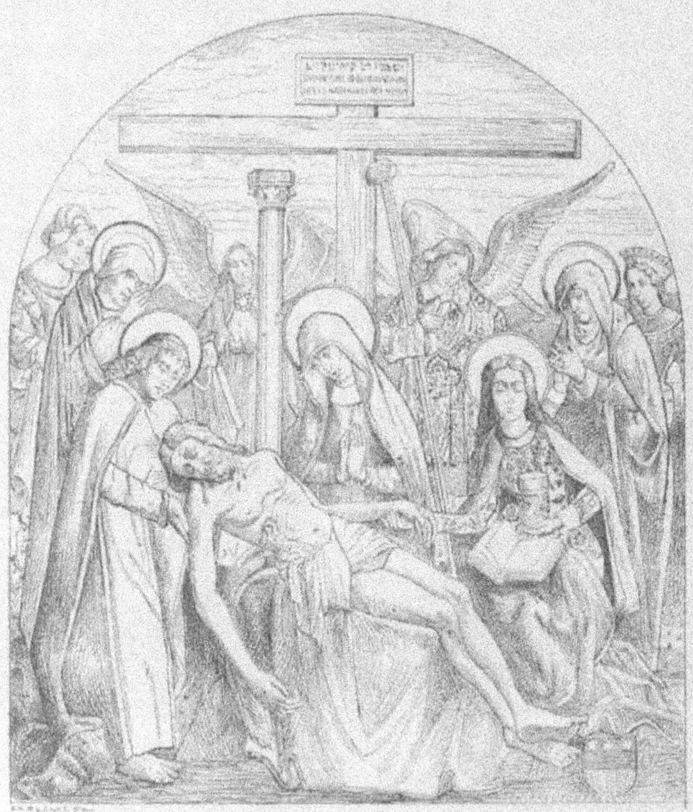

LA MISE AU TOMBEAU ; PEINTURE DU XVe SIÈCLE. (Cathédrale du Puy.)

cathédrale d'Aix-en-Provence, la *Marie-Madeleine débarquant à Marseille*, du musée de Cluny, etc. On sait l'histoire romanesque de ce René d'Anjou, comte de Provence (1408-1480), qui perdit successivement les trônes de Naples, de la Lorraine

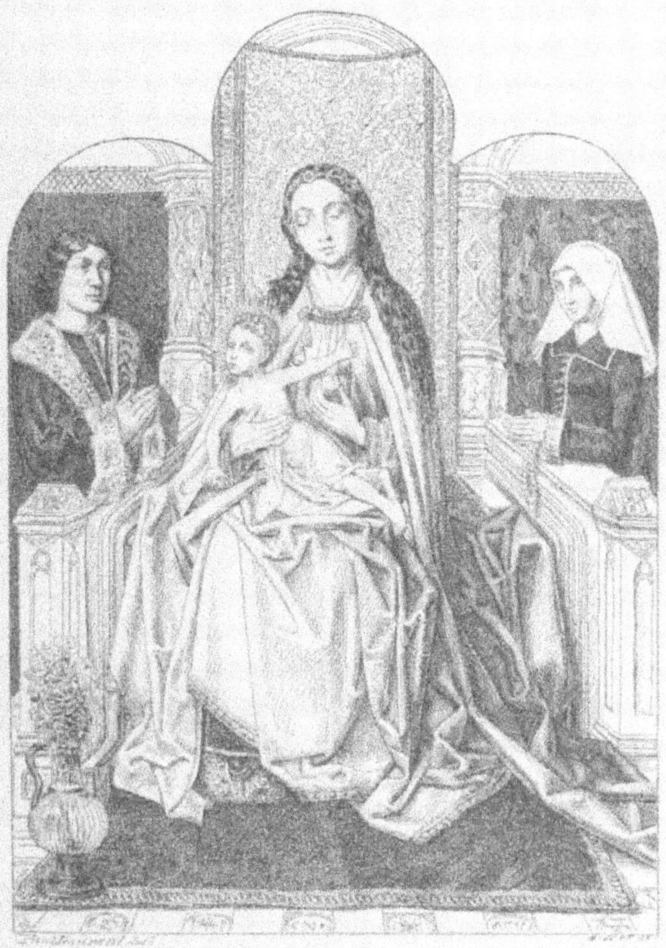

La Vierge aux Donateurs, par Jehan Perréal. (Musée du Louvre.)

et de l'Anjou, et qui se consola de ses malheurs politiques en cultivant les arts. Poëte, musicien, il s'illustra surtout dans la peinture, qu'il étudia en Italie. « Par-dessus toutes ses sublimes et royales qualités, dit à son sujet le chroniqueur Nostradamus, le roi René estoit bon musicien, très bon poëte français et italien; mais sur toutes choses aimoit, d'un amour passionné, la peinture, et l'avoit la nature doné d'une

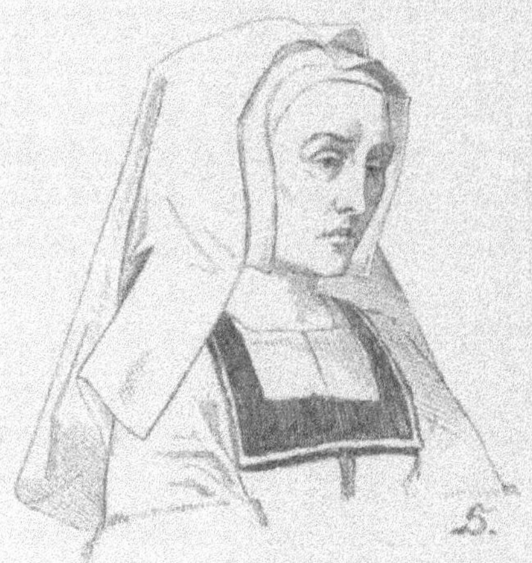

Tête de Femme, tirée du tableau
de la Confrérie du Puy-Notre-Dame, a Amiens.

inclination si excellente à cette noble profession, qu'il estoit en bruit et réputation entre les plus excellens peintres et enlumineurs de son temps, ainsi qu'on peut voir en plusieurs divins chefs-d'œuvre achevés de sa divine et royale main, dans un labeur merveilleusement exact et plaisant. » Les peintures du roi René ne méritent peut-être pas d'être qualifiées de « divins chefs-d'œuvre »; mais elles font voir un sentiment très intense de la réalité, une science remarquable de la com-

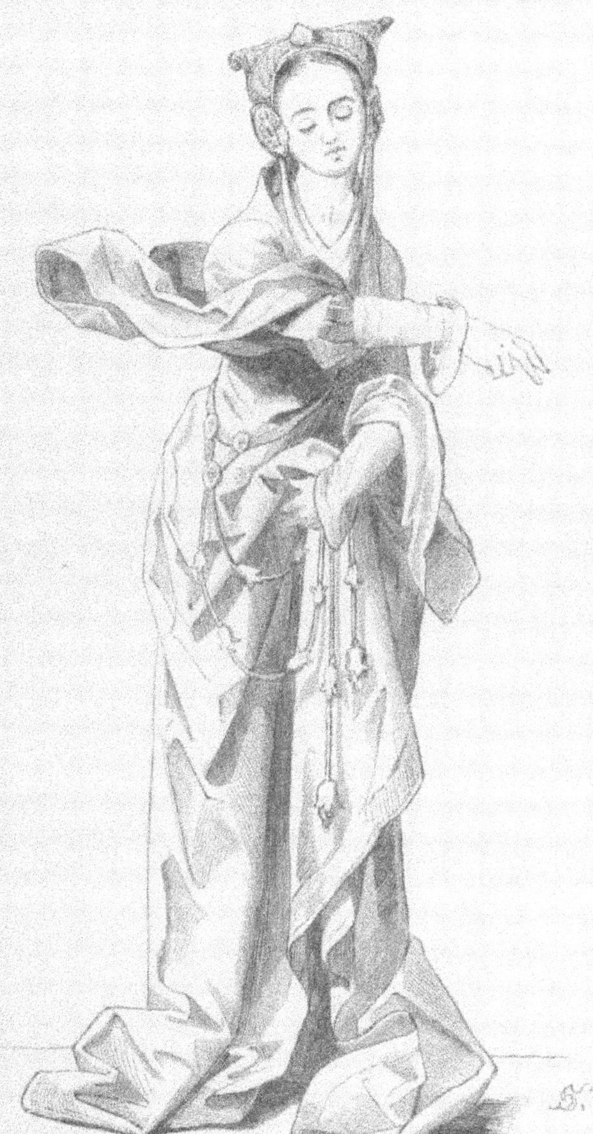

FIGURE TIRÉE DES PEINTURES DU PUY.

position, et un goût tout français de figures élégantes et calmes. Au premier plan de son tableau du musée de Cluny, le royal artiste s'est représenté lui-même en compagnie de sa femme, Jeanne de Laval. Nous retrouvons encore son portrait dans son

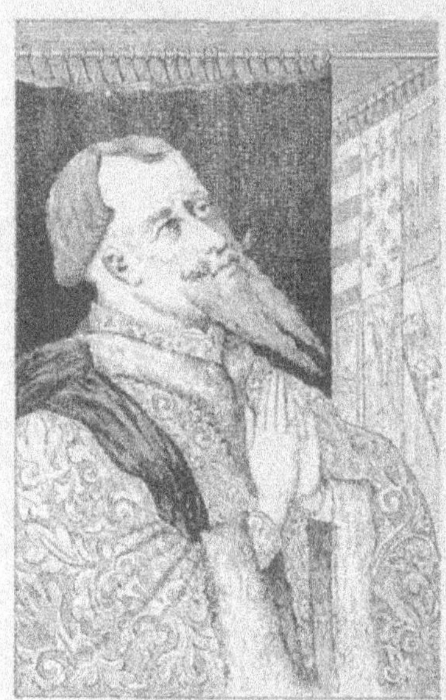

JEAN D'ANJOU, FILS DU ROI RENÉ,
d'après une peinture de son Livre d'Heures. (Bibliothèque nationale.)

célèbre *Livre d'Heures* de la Bibliothèque nationale, comme aussi le portrait de son fils Jean d'Anjou.

A côté de ces œuvres plus ou moins imitées de l'art flamand ou italien, la France a produit dès le quinzième siècle des ouvrages où l'originalité de son génie national se manifeste tout entière, et avec une grandeur incomparable. Au premier rang, il faut citer deux magnifiques portraits du Louvre, attribués à Jehan Fouquet, et représentant le *roi Charles VII* (n° 653), et le chancelier *Juvénal des Ursins* (n° 652). La simplicité de l'effet, l'absence de toute exagération, le naturel

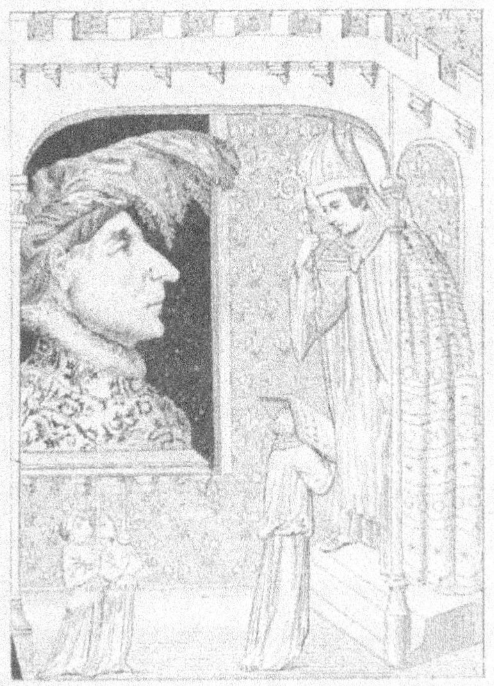

LE ROI RENÉ,
d'après une peinture de son Livre d'Heures. (Bibliothèque nationale.)

parfait des mouvements et des attitudes, donnent une très haute valeur à ces deux tableaux, dont l'attribution à Fouquet, sans reposer sur aucun fait précis, n'a cependant rien d'invraisemblable.

Dès le début du seizième siècle, l'art italien pénètre décidément en France, et en chasse pour deux siècles les influences des autres pays. Les guerres d'Italie amènent des relations constantes entre la France et les cités italiennes : les plus célèbres artistes de Florence et de Rome, Léonard de Vinci, Andrea del Sarto, le Primatice, Nicolo dell' Abbate, sont mandés à la cour de François Ier et apportent à Paris le goût et la manière de leur pays. Les peintres français, d'autre part, se rendent en Italie, ou tout au moins suivent l'enseignement de maîtres italiens.

Mais avant de s'effacer de notre peinture, l'influence flamande donne naissance, chez nous, dans les premières années du seizième siècle, à une école très importante de portraitistes, représentée surtout par les deux Clouet, le père et le fils, et par de nombreux élèves et imitateurs de ce dernier.

Vers le milieu du quinzième siècle, vivait à Bruxelles un peintre, Jean Clouet, dont nous ne possédons aucun ouvrage, mais qui devait être fort estimé, puisque les ducs de Bourgogne aimaient à lui confier des travaux. Son fils, qui s'appelait aussi Jean Clouet, apprit à son école tous les secrets de la peinture flamande ancienne, si minutieuse, si éprise de l'exactitude dans les moindres détails. Ses études finies, Jean Clouet le fils vint en France et s'établit à Tours ; sa renommée ne tarda pas à s'étendre, et, dès 1518, nous voyons ce Jean Clouet, dit Jeannet ou le Petit Jean, occuper les fonctions de peintre ordinaire de François Ier, avec une pension de 1.800 livres. En 1521, Jeannet se marie avec la fille d'un orfèvre de Tours, et en 1522, il obtient du roi la faveur d'acheter une charge de valet de chambre royal. Il meurt à Tours en 1541, laissant sa charge à son fils François. Malheureusement l'œuvre authentique de Jean Clouet est rare et ne nous permet pas de le juger aussi

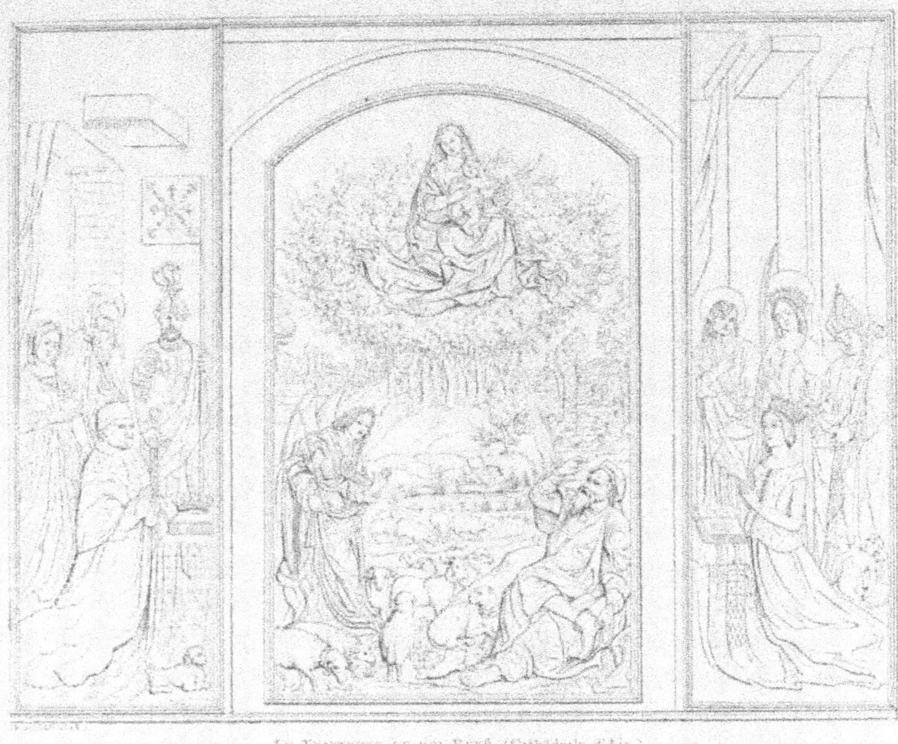

Le Triptyque du roi René. (Cathédrale d'Aix.)

bien qu'il conviendrait. Pourtant divers dessins, notamment un portrait de femme à la Bibliothèque nationale, nous portent

PORTRAIT, PAR JEAN CLOUET. (Bibliothèque nationale.)

à croire que Jean Clouet a été un portraitiste de premier ordre, plein de finesse et de pénétration, supérieur même à son illustre fils, FRANÇOIS CLOUET.

Celui-là seul nous est bien connu. Seul d'ailleurs il est tout français, né en France, à Tours, vers 1500, et officiellement naturalisé par François Ier en 1541. Il est, comme son père, le

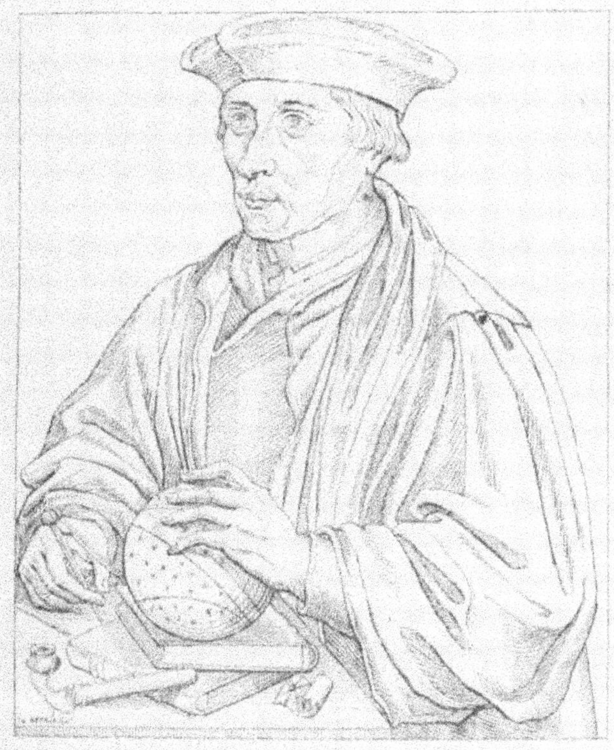

ORONCE FINÉ, PAR JEAN CLOUET.

portraitiste officiel du roi. En 1547, à la mort de François Ier, c'est lui qui est chargé de mouler la tête et les mains du roi défunt; en 1559, il moule et reproduit en cire le visage de Henri II; en 1570, nous le voyons peintre et valet de chambre de Charles IX, et il reste à la cour jusqu'à sa mort (1572), toujours occupé à peindre les divers membres de la famille royale qui se succèdent autour du trône de France. Un grand nombre d'élèves l'aident dans son travail; d'autres peintres, tout en l'imitant, prétendent rivaliser avec lui, comme ce CORNEILLE DE LYON qui nous a laissé de beaux portraits de Catherine de Médicis et de François II, et que Brantôme appelait « le peintre par excellence des dames et seigneurs de la cour ».

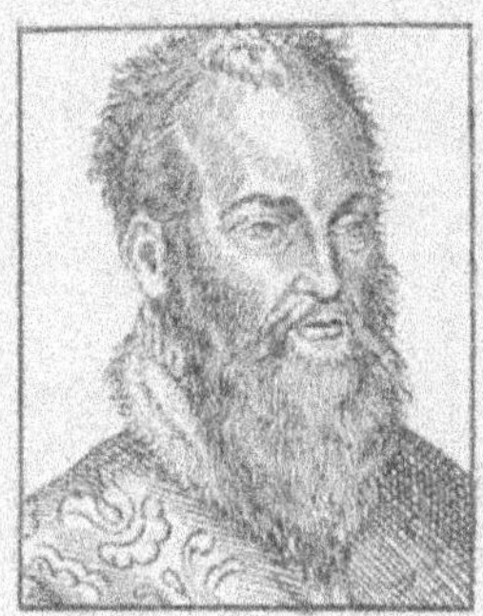

FRANÇOIS CLOUET,
d'après une gravure.

François Clouet a peint quelques tableaux, représentant diverses scènes de la vie des Médicis, et en particulier de la reine Catherine; mais nous ne le connaissons aujourd'hui que par ses portraits, et encore le nombre de ses portraits authentiques est-il fort restreint. C'est ainsi que le Louvre, qui contient une cinquantaine de tableaux de l'école de Clouet, ne peut citer que deux ouvrages absolument authentiques du maître tourangeau : le *Portrait de Charles IX* (n° 107) et celui d'*Élisabeth d'Autriche*, femme de ce roi (n° 108). A Vienne, à Munich, à Schleisshein, à Londres, divers portraits semblent également provenir de la main même de François Clouet. L'art de ce maître est un modèle excellent de la façon dont le génie français peut subir une influence étrangère sans rien perdre de son originalité naturelle, originalité qui consiste surtout dans l'élégance, la mesure, une discrétion pleine de bon sens et de délicatesse. Assurément, au point de vue de la composition générale et du choix des procédés, les portraits de Clouet sont imités de l'art flamand, tel que le lui a fait

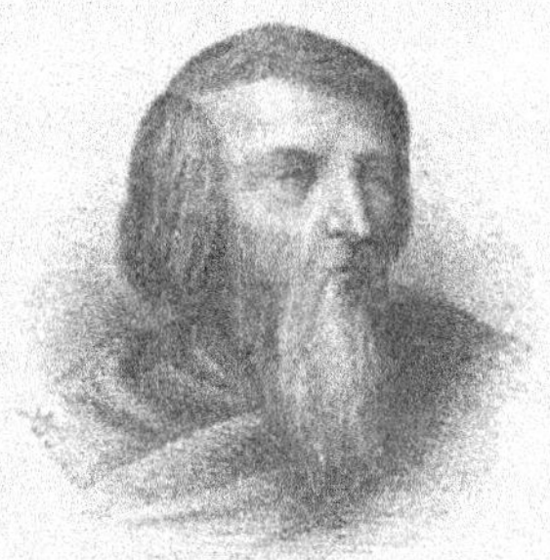

JEAN COUSIN,
d'après son portrait dans son tableau
du *Jugement dernier*.

connaître son père, le Bruxellois Jean. Nous y trouvons la même manière minutieuse et un peu froide, la même vision attribuant un intérêt égal à toutes les parties du modèle. Mais comme la recherche de la ressemblance est, chez l'artiste français, plus distinguée, plus pénétrante, plus expressive que chez les portraitistes des Flandres! Quel réalisme tempéré et naturel, quelle exquise délicatesse dans le rendu des traits du visage, dans le dessin même des mains! Et comme on sent la haute valeur artistique de François Clouet en comparant ses rares portraits à ceux de ses élèves! La manière est la même, le soin matériel n'est pas moindre ; mais la vie et l'originalité ont disparu pour ne plus laisser place qu'à de charmantes photographies. C'est dire que l'intérêt de ces œu-

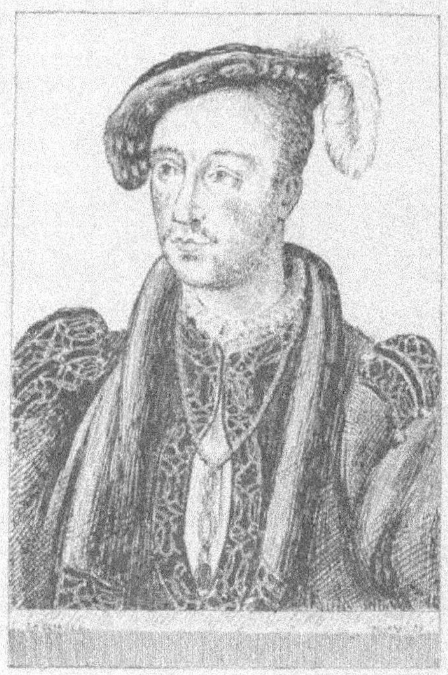

François, dauphin, fils de François Ier,
par Corneille de Lyon.

vres d'élèves est surtout historique. Il faut cependant mettre à part dans les œuvres de l'école des Clouet, au Louvre, un grand et beau *Portrait de François Ier* en justaucorps rouge (n° 110). L'influence italienne est ici plus visible ; c'est l'art italien qui a enseigné au peintre anonyme ce coloris chaud et vigoureux, cette merveilleuse profondeur d'expression, et aucun portrait de François Ier, pas même celui du Titien, ne nous donne une

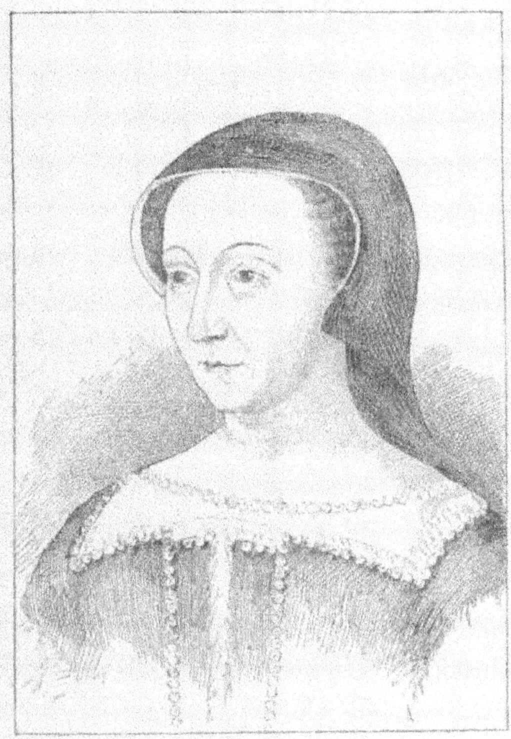

DIANE DE POITIERS, PEINTURE DU XVIe SIÈCLE.

image aussi intéressante de ce roi insouciant et romanesque.

Clouet et son école marquent la fin de l'influence de la Flandre sur la peinture de notre pays. Le célèbre contemporain de François Clouet, JEAN COUSIN, de Soucy, près de Sens,

(1500-1589) est déjà un continuateur de la Renaissance italienne. Tel il nous apparait dans son œuvre la plus importante, le *Jugement dernier* du Louvre (n° 137), composition sagement équilibrée, d'un mouvement noble et vigoureux, assez semblable à celui des figures de Michel-Ange, d'un coloris chaud, doucement fondu, à la manière de celui du Corrège. L'originalité du peintre français est pourtant aussi grande et aussi manifeste, sous les influences italiennes qu'il subit, que l'est, sous les influences flamandes, celle de François Clouet. Cette originalité apparait nettement si l'on compare le *Jugement dernier* de Cousin à celui de Michel-Ange, qu'il rappelle par l'ordonnance générale de la composition. Tout, chez l'artiste français, est plus fin, plus discret : le groupe du dernier plan est même d'une grâce noble et distinguée qui fait songer déjà aux figures du Poussin. Le *Jugement dernier* est le seul tableau authentique que nous ayons de Cousin : mais ce maître éminent nous a laissé des vitraux (notamment dans la cathédrale de Sens) qui sont ce que la Renaissance a produit de plus parfait; on connait aussi de lui divers manuscrits et quelques sculptures pleines de grandeur et de charme.

On a discuté la question de savoir si Jean Cousin, dans son tableau du Louvre, avait imité Michel-Ange. Il parait aujourd'hui à peu près établi que le peintre français n'est jamais allé en Italie, et que, par suite, il n'a pu étudier la célèbre fresque de Michel-Ange, au Vatican. Mais il n'est pas admissible qu'il n'en ait pas connu des copies : plusieurs gravures existaient de son temps en France, qui reproduisaient avec assez d'exactitude cet immortel chef-d'œuvre.

Si Jean Cousin a conservé intactes toutes les qualités du génie français, il faut bien avouer que ces qualités risquèrent

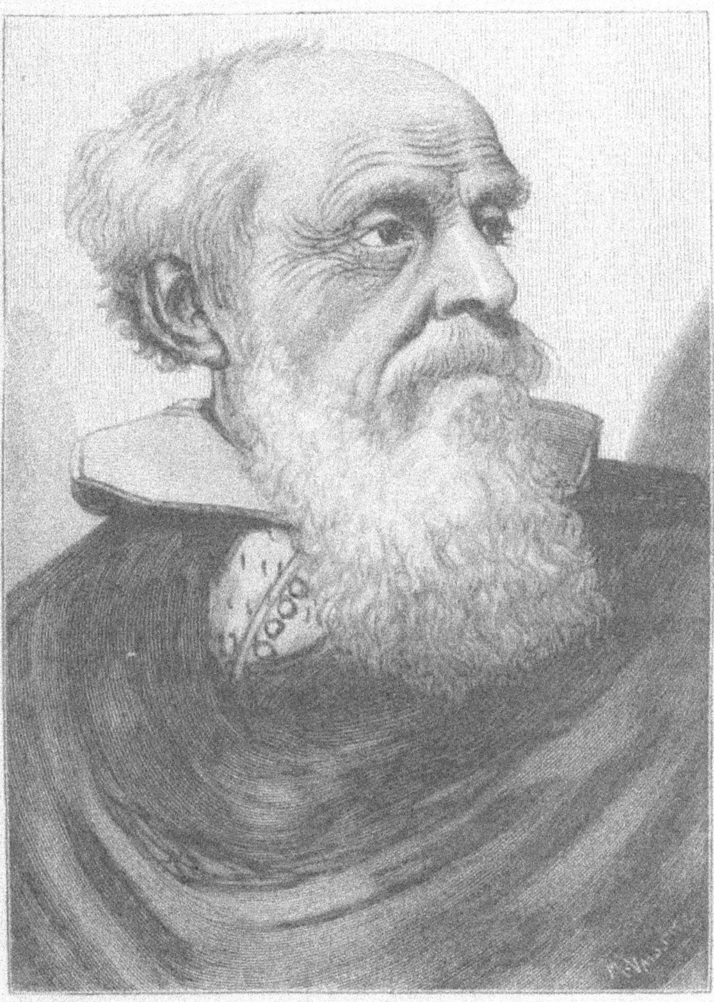

Du Plessis-Mornay, par Lagneau.

de se noyer sous l'invasion de l'art italien et que l'imitation italienne est seule maîtresse dans les ouvrages des peintres du seizième siècle qui ont succédé à l'auteur du *Jugement dernier*. Les tableaux d'AMBROISE DUBOIS (1543-1615) et de MARTIN FRÉMINET (1567-1619) sont trop manifestement inspirés du Primatice et des fades successeurs de Michel-Ange : on comprendra que nous ne nous arrêtions pas devant ces peintres médiocres, à côté desquels nous citerons encore ANTOINE CARON, TOUSSAINT DUBREUIL, QUENTIN VARIN. Tous ces artistes font partie de ce qu'on appelle l'École de Fontainebleau; c'est-à-dire que tous, ou la plupart, ont été appelés à décorer le château de Fontainebleau, en compagnie et sous la direction de deux peintres italiens, élèves, l'un de Raphaël, l'autre de Michel-Ange : LE PRIMATICE et ROSSO DEL ROSSO (ou maître Le Roux).

Il faut aller jusqu'aux peintres dits classiques du dix-septième siècle, à Vouet, Le Sueur, Poussin, Claude le Lorrain, pour voir reparaître dans sa plénitude l'originalité de l'art français.

DEUXIÈME PARTIE.

LA PEINTURE FRANÇAISE AU DIX-SEPTIÈME SIÈCLE.

CHAPITRE PREMIER.

INFLUENCE DE L'ART ITALIEN.

La plupart de nos peintres du dix-septième siècle se sont formés au contact et sous l'influence de l'art italien. Si l'on veut comprendre toute l'originalité de ces peintres, il faut d'abord savoir ce qu'était cet art italien dont ils se sont inspirés.

Le peintre français qui, au début du dix-septième siècle, franchissait les Alpes, ne rencontrait guère en Italie de maîtres bien intéressants. A Bologne, il trouvait une école renommée et florissante, l'école fondée par les Carrache et continuée par le Guide, le Guerchin, le Dominiquin : mais tous ces peintres n'étaient eux-mêmes que des imitateurs de l'art de leurs devanciers : et tous gâtaient leur extrême science et habileté technique par un certain manque d'émotion et de personnalité. A Rome, à Venise, il ne pouvait voir que des élèves sans talent. L'école du Caravage et l'école napolitaine des Salvator Rosa et des Ribera, avec ses sombres audaces, sa manière heurtée et fougueuse, ne convenaient guère à sa nature française, amie avant tout de la sobriété et de la finesse. En un mot, il ne trouvait rien qui pût le guider vers un art supérieur, et l'exemple des Bolonais semblait fait plutôt pour l'engager dans la voie funeste d'une habileté froide et sans vie.

Il n'y a pas à le nier, en effet : l'influence de l'école de Bologne a été grande et fâcheuse sur nos peintres français. La plupart d'entre eux se sont laissés aller à imiter, dans le choix et la composition de leurs sujets, dans la façon de dessiner et de peindre, cette manière emphatique, savante, pleine de fausse noblesse et de fausse beauté. Les plus célèbres tableaux du Poussin rappellent, par plus d'un point, les ouvrages du Dominiquin, et il faut une certaine habitude de l'un et de l'autre pour bien apprécier l'énorme différence qui les sépare.

Cette différence est énorme, pourtant. C'est le dehors seul qui ressemble, l'ordonnance de la composition, la technique du dessin et de la couleur : l'esprit est tout autre; ou plutôt les tableaux du Poussin et de l'école française sont vivifiés d'un esprit puissant et profond qui fait entièrement défaut à leurs modèles bolonais.

C'est que, si les peintres italiens vivants qu'ils rencontraient n'étaient guère aptes qu'à détourner du bon chemin les peintres français, ceux-ci trouvaient en Italie, pour les conduire et les corriger, l'art immortel des peintres du seizième siècle, les chefs-d'œuvre des Raphaël et des Michel-Ange, et aussi les restes admirables d'un art encore plus parfait, encore plus capable de les éclairer, de l'art grec classique. L'étude assidue de ces ouvrages, jointe à l'influence de leur tempérament national, contribuèrent à transformer complètement la manière qu'ils croyaient prendre à leurs maîtres italiens. Ils surent, en effet, sans presque s'en apercevoir, dégager leur personnalité toute française de l'imitation italienne : ils nous léguèrent ainsi un art tout imprégné de calme et noble émotion, un art vraiment national, qui est comme la traduction en notre langue de ce qu'il y avait de grand et de fécond dans l'art classique d'autrefois.

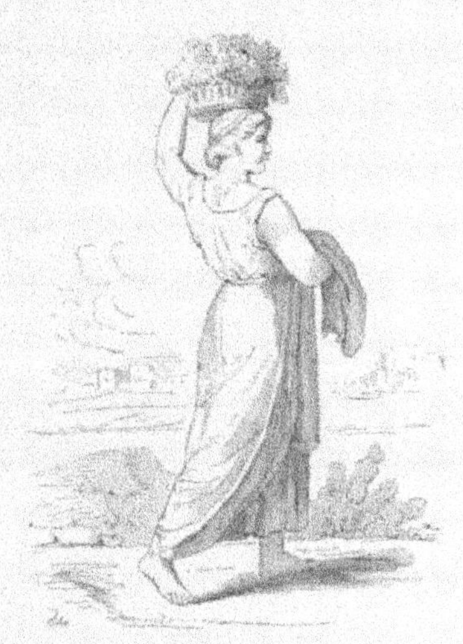

CHAPITRE II.

La peinture classique.

VOUET, LE SUEUR, POUSSIN, LE LORRAIN.

Une noblesse simple, pleine de naturel, une grandeur sans emphase, une élégance raisonnable et mesurée : tels sont les caractères dominants de cette glorieuse peinture classique du dix-septième siècle, qui occupe dans l'histoire de notre pays la même place et joue le même rôle que la glorieuse littérature classique des Racine, des Bossuet et des La Fontaine. Il faut bien reconnaître, cependant, que les ouvrages des peintres français de cette époque sont, au premier coup d'œil, moins saisissants que ceux des maîtres italiens, hollandais ou flamands : mais cette impression tient précisément à ces qualités de retenue, de franchise sans exagération, d'élégance discrète et sobre, qui sont les traits essentiels de notre peinture classique, et qui exigent, pour être senties, une étude attentive et approfondie. C'est alors seulement qu'on aperçoit combien les poses et les expressions sont justes et charmantes, avec combien d'art sont disposées les lignes de la composition, combien le coloris est nuancé et approprié au sujet, dans des tableaux qui paraissaient d'abord guindés, froids, d'une coloration terne ou criarde. Le premier en date de ces peintres classiques est SIMON VOUET, de Paris (1590-1645). Après plusieurs voyages en Angleterre, à Constantinople, à Venise, ce peintre s'installa à Rome, où il subit surtout les influences des Vénitiens et du Guide. A son retour en France, il fut nommé

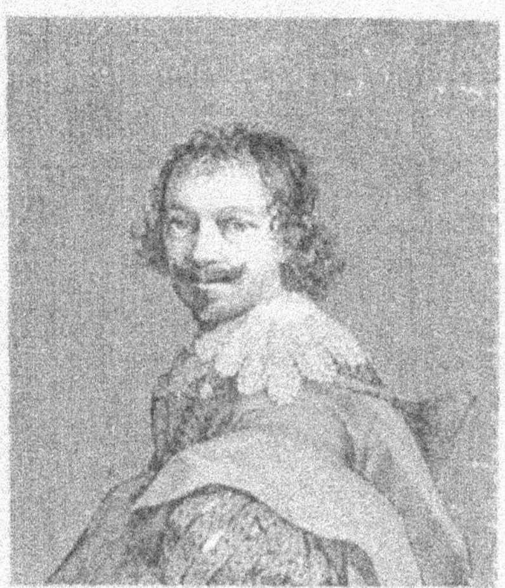

CLAUDE MELLAN, PAR LUI-MÊME.

peintre de Louis XIII et fonda une école qui eut une importance considérable.

Deux tableaux de Vouet, au Louvre, un *Portrait de Louis XIII ayant à ses pieds la France et la Navarre* (n° 646), et une *Allégorie de la Richesse* (n° 647), nous donnent l'idée de sa manière élégante, toujours un peu facile et hâtive, et de son coloris factice.

La plupart des peintres que nous aurons à examiner plus longuement dans l'étude du dix-septième siècle reçurent les leçons de Vouet. Citons tout de suite CLAUDE MELLAN (1598-1688), peintre et graveur éminent, l'un des maîtres de la gravure française (1), qui fut le compagnon de séjour de Vouet à Rome et le suivit à Paris. Citons encore MICHEL CORNEILLE le père, et MICHEL DORIGNY, artistes secondaires, mais dont le nom figure parmi les instigateurs de l'Académie royale de peinture et de sculpture. LE BRUN et MIGNARD passèrent aussi par l'atelier de Vouet. Mais le plus illustre et le plus grand de ses élèves est le célèbre LE SUEUR. Un tableau de Le Sueur au Louvre, le *Christ à la colonne*, longtemps attribué à Vouet, nous montre l'influence réelle et vive exercée sur la manière de l'élève par l'exemple et les leçons du maître.

EUSTACHE LE SUEUR (1617-1655), était né à Paris d'une famille de pauvres artisans. L'humilité de son origine et la modicité de ses ressources ne lui permirent pas de se rendre en Italie, comme faisaient tous les jeunes peintres de son temps. Il entra dans l'atelier de Vouet, y resta plusieurs années, puis se mit à étudier avec passion les ouvrages de Raphaël et du Poussin. Chargé bientôt de quelques commandes, notamment des deux séries de tableaux qui composent la *Vie de saint Bruno* et la suite des *Compositions mythologiques*, il put échapper à la misère : mais il ne semble pas qu'il soit parvenu jamais à la fortune, ou même à une aisance relative. Il s'occupa, dit-on, jusqu'aux dernières années de sa courte vie, à composer des dessins pour orner des titres de livres, des diplômes, etc., besogne meurtrière et indigne de lui, qui lui était imposée par le besoin de gagner quelque argent. En tout cas, il est certain

(1) Trop longtemps négligé, cet artiste éminent a été récemment remis en pleine lumière par une série d'articles de M. Gonse (*Gazette des Beaux-Arts*, t. XXXVII et XXXVIII).

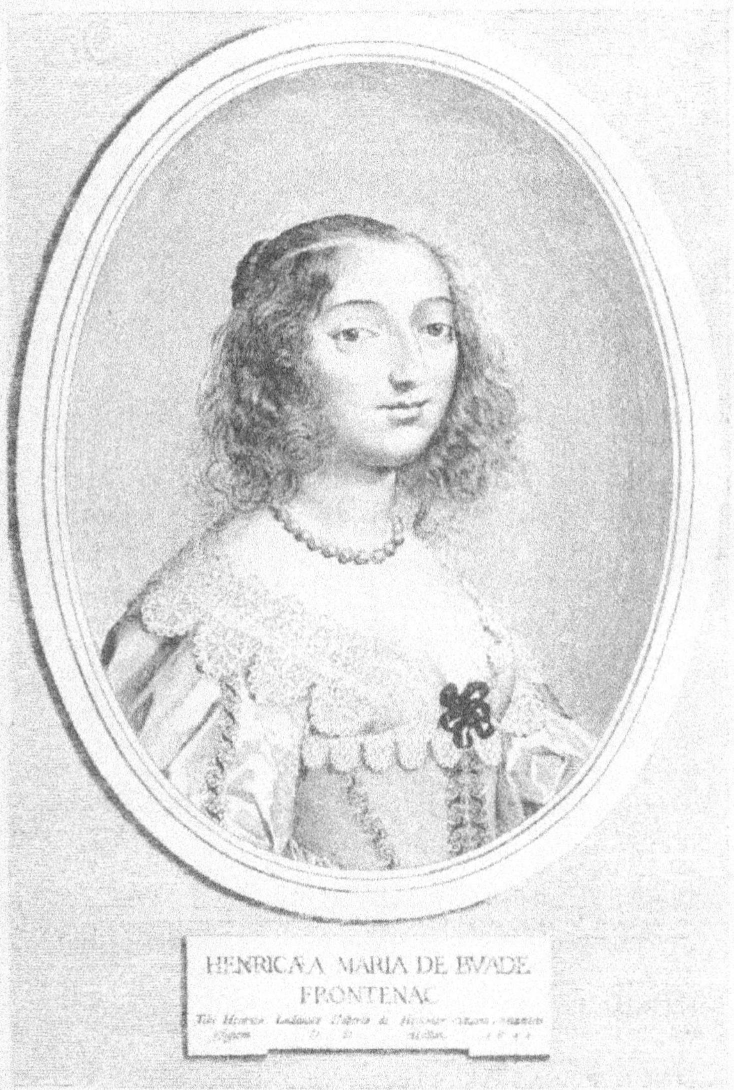

Fac-similé d'une gravure de Claude Mellan.

qu'il vécut très retiré, absolument à l'écart de la cour et du monde, dont l'éloignaient encore sa nature timide et fière, et le caractère simple, naturel, de son talent.

Dans la célèbre série des vingt-cinq tableaux du Louvre (nos 525-550), dite : *Histoire de saint Bruno*, qui fut composée de 1645 à 1648 pour le couvent des Chartreux, alors situé dans la rue d'Enfer, on peut retrouver la plupart des caractères généraux de l'art classique du dix-septième siècle. Mais on y reconnait en même temps tous les traits particuliers de l'art de Le Sueur : une extrême douceur, un vif souci de l'expression adaptée au sujet, un emploi de tons peu variés et discrètement contrastés. Il faut voir surtout à ce point de vue le premier tableau de la série : *Saint Bruno initié à la vie religieuse par un sermon du docteur Diocrès* (no 525). Les attitudes des personnages, la disposition de leurs traits, expriment toutes les formes d'une attention recueillie ; le coloris s'atténue gracieusement des premiers aux derniers plans. Notons encore, dans la même série, la *Mort de saint Bruno* (no 546), peinte presque en grisaille avec de faibles lumières roses, et caractéristique de la manière de Le Sueur par l'exactitude et la pureté des expressions.

A côté de ces compositions religieuses, le Louvre nous fait voir une série de compositions mythologiques représentant l'*Histoire de l'Amour* (no 551-556), et les *Neuf Muses* (no 558-559). Ces compositions ont été peintes pour décorer les appartements de l'hôtel Lambert, dans l'île Saint-Louis. Le Sueur s'y montre avec les mêmes qualités, quoique dans un genre très différent. Les expressions ne sont plus ici recueillies et graves comme dans la *Vie de Saint Bruno;* mais leur tendresse souriante conserve la même douceur réservée et un peu

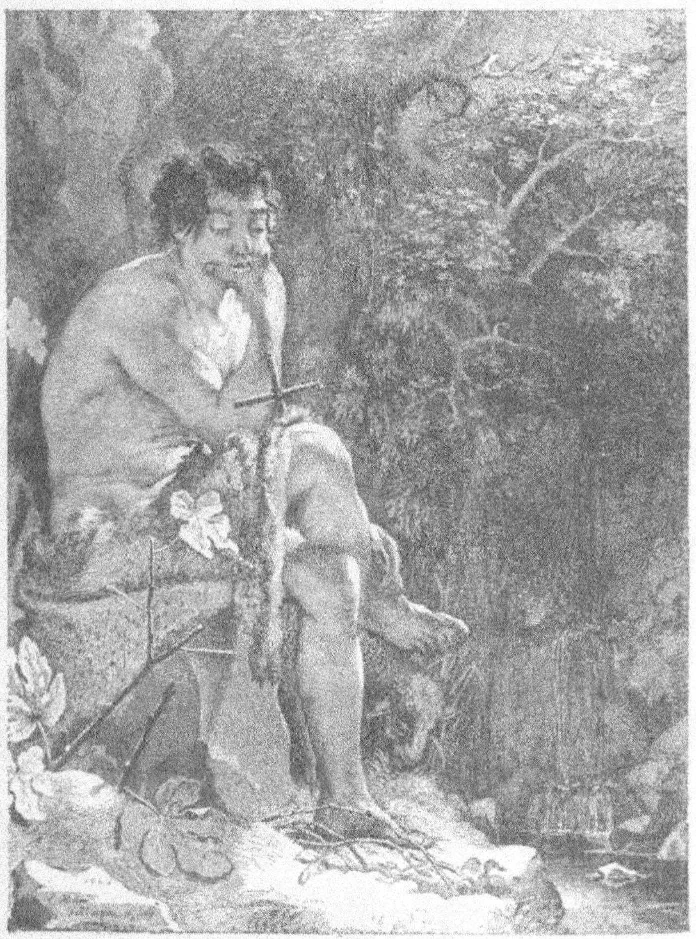

Saint Jean-Baptiste dans le désert.
Tableau peint et gravé par Claude Mellan.

solennelle. Dans la série des *Muses* surtout, le coloris est plus chaud, plus fondu, plus varié, et la composition séduit dès l'abord par sa gracieuse fraîcheur.

Parmi les tableaux les plus célèbres de Le Sueur, il faut encore mentionner, au Louvre, l'*Apparition de sainte Scholastique à saint Benoît*, la *Descente de Croix* (n° 518), la *Prédication de saint Paul à Éphèse*, et surtout l'admirable petit tableau : *Jésus portant sa croix* (n° 517), qui montre si complètement le génie suave et recueilli du peintre parisien. Voilà, en vérité, un parfait modèle de réalisme tempéré, d'expression profonde et contenue, de fine poésie française. Certes, ce n'était pas sans raison que le pompeux Le Brun, premier peintre du roi, craignait de se voir supplanté dans la faveur royale par l'obscur jeune homme, au point de s'écrier en apprenant sa mort : « Quelle épine il me tire du pied! »

Les œuvres de Le Sueur sont rares en dehors du Louvre : l'église Saint-Gervais-Saint-Protais nous offre pourtant un des plus beaux ouvrages du maître, et divers musées de province possèdent de lui quelques peintures intéressantes.

Un peintre d'un incomparable génie occupe, avec Le Sueur, le premier rang dans cet art classique du dix-septième siècle. Nicolas Poussin naquit aux Andelys en 1594. A Paris, il fréquenta d'abord les cours d'un portraitiste flamand; mais ses maîtres véritables furent dès le début Raphaël et Jules Romain, dont il copiait assidûment les dessins. Un jeune gentilhomme du Poitou s'intéressa à lui, lui prêta de l'argent, et plus tard l'emmena dans son château; mais comme les parents de son protecteur le traitaient à la façon d'un domestique, Poussin s'enfuit, reprit le chemin de Paris, vendant le long de la route les tableaux qu'il confectionnait. Le désir d'aller à Rome, qui l'avait

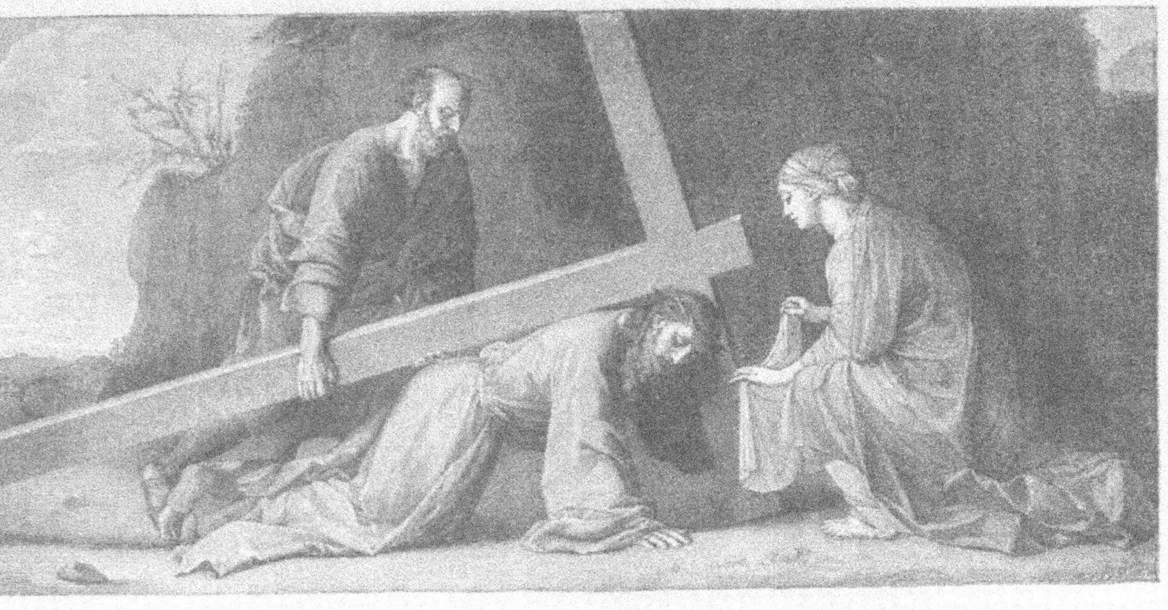

Jésus portant sa croix, par Le Sueur.

toujours tourmenté, devint alors si violent que le jeune artiste tenta deux fois le voyage, parvint la première fois jusqu'à Florence, la seconde jusqu'à Lyon, et fut forcé, les deux fois, de rentrer à Paris, faute d'argent. C'est seulement en 1624 que Poussin put réaliser son rêve. Encore fit-il la plus grande partie du chemin à pied, presque en mendiant. A Rome, il vécut d'ouvrages vendus à vil prix, étudia les antiquités, l'anatomie et la perspective. Dans une affaire où il s'était déclaré pour le Dominiquin contre le Guide, il fut attaqué par des soldats et reçut un coup de sabre à la main droite. A peine échappé de cet accident, il tomba gravement malade; il serait mort, sans les secours que lui prodigua son compatriote Dughet, dont il épousa plus tard la fille, et dont le fils, Gaspard Dughet, dit le Guaspre, devint un de ses élèves les plus renommés. Sa situation s'améliora peu à peu, et sa célébrité fut bientôt assez grande pour lui valoir l'honneur d'être mandé de Rome auprès de Louis XIV. Nommé premier peintre du roi, il se vit en butte, sitôt rentré à Paris, aux intrigues du vieux Vouet, et les ennuis qu'il en eut, s'ajoutant à sa passion pour Rome, le décidèrent de nouveau à quitter la France. C'est à Rome qu'il mourut, en 1665, à l'âge de soixante-douze ans, ne laissant à sa famille qu'une modeste somme de 10,000 écus.

Pendant cette vie tourmentée, Poussin ne cessa de se livrer à un travail assidu; il a laissé un grand nombre de compositions admirables, conservées soit au Louvre soit dans divers musées étrangers, et qui permettent d'apprécier son génie dans toute sa puissante variété.

Sans avoir, à proprement parler, plusieurs manières, le Poussin a cependant modifié un peu le choix de ses sujets, la composition et le coloris de ses tableaux, surtout dans la dernière période de sa vie. Ses premiers ouvrages sont pour la plupart des scènes mythologiques : la composition y est plus

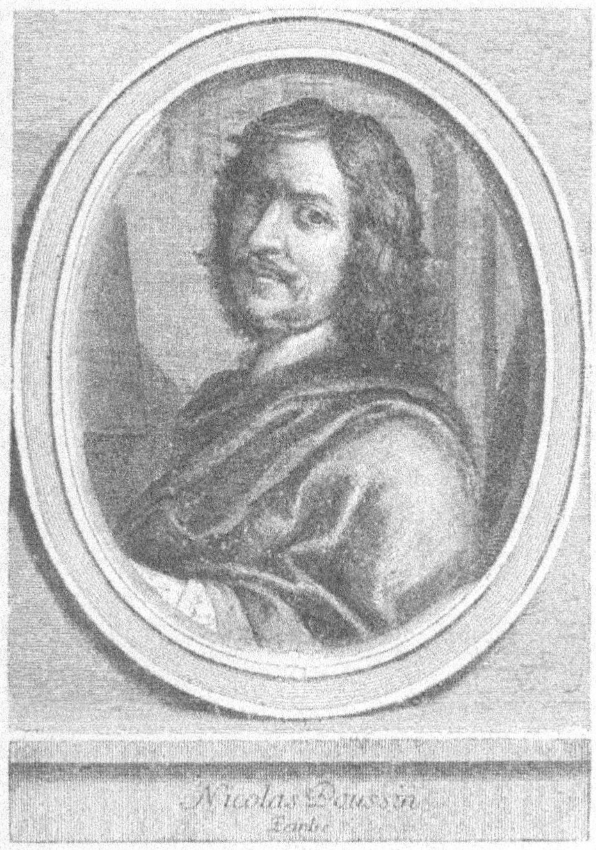

Portrait de Poussin, par lui-même.

libre et plus mouvementée, les couleurs plus vives. Dans la suite, il a choisi de préférence des sujets religieux et allégoriques :

il a donné à ses mouvements plus de noblesse et moins d'animation, et son coloris a perdu l'ancienne vivacité pour devenir plutôt une subtile gradation de nuances, dans une tonalité générale le plus souvent d'un vert grisâtre. Mais ce qui caractérise surtout Poussin, et ce qu'il a particulièrement développé dans ses derniers ouvrages, c'est le souci d'une composition pour ainsi dire philosophique : il voulait que l'arrangement de ses figures et du paysage correspondît exactement au sens intime des scènes représentées. L'ordonnance des lignes, les expressions, le choix des nuances étaient entièrement différents suivant qu'il avait à peindre les sombres épisodes du Déluge ou les joyeux ébats des pâtres : ces manières diverses de peindre, ces différentes symphonies de lignes et de couleurs, Poussin les appelait ses « modes », par analogie avec l'esthétique musicale des Grecs. Mais l'appropriation de tous les détails à l'émotion générale du sujet s'accompagnait toujours chez lui d'un naturel noble et réservé, d'une élégance sans affectation et d'un sentiment tout à fait original de la beauté. Ajoutons que le Poussin était un paysagiste de premier ordre : les sites où il place les scènes qu'il représente sont toujours d'un aspect très ample, en même temps que d'une extrême conscience d'exécution : ils sont empreints le plus souvent d'un caractère de calme et de grandeur simple qui les rend incomparables.

Il faut voir au Louvre la plupart de ses tableaux. Ce sont d'abord des scènes religieuses, *Éliézer et Rébecca* (n° 415), *Moïse sauvé des eaux* (n° 417), *Moïse changeant en serpent la verge d'Aaron* (416), les *Israélites recueillant la manne dans le désert* (n° 419), la *Sainte Famille* (n° 425), les *Aveugles de Jéricho* (n° 496). Parmi les sujets religieux, l'*Assomption de la Vierge* (n° 429) et l'*Enlèvement au ciel de saint Paul par trois anges* (n° 433) doivent un charme particulier à leur admirable composition d'ensemble.

Le génie du Poussin pour les scènes mythologiques trouve son expression parfaite dans un tableau malheureusement inachevé : *Apollon et la Nymphe Daphné* (n° 828), son dernier ouvrage. Tout est admirable dans cette merveilleuse peinture : le lointain paysage de montagnes bleues se dessinant sous un ciel bleu, l'équilibre léger des deux groupes de gauche et de droite, l'attitude élégante d'Apollon, la grâce délicate des deux nymphes aux draperies jaune et bleue, enfin l'impression du tableau entier, une adorable impression de joie sans turbulence.

Un tableau allégorique, qui a beaucoup souffert de restaurations inhabiles, nous montre les hautes préoccupations du Poussin; ce sont les célèbres *Bergers d'Arcadie* (n° 445). Tranquilles, joyeux de vivre dans ce ravissant pays, les bergers s'étaient arrêtés près d'un tombeau : ils en déchiffrent attentivement l'inscription. L'homme qui est enterré sous cette pierre a été jadis joyeux et tranquille comme ils le sont aujourd'hui : « Et in Arcadia ego. — Moi aussi, j'ai vécu dans l'Arcadie! » leur crie-t-il du fond de sa tombe. Tel est l'enseignement que notre peintre a développé avec toute la grâce et toute la puissance de son génie.

Poussin s'est exercé dans les genres les plus divers sans perdre sa vive originalité. Nous l'avons vu dans les scènes mythologiques et dans les scènes religieuses; il n'a pas moins excellé dans l'art du portrait. Le Louvre possède un portrait qu'il a fait de lui-même (n° 447), et qui est une merveille de finesse et de profondeur psychologique.

Enfin, comme nous l'avons dit, Poussin est encore un des

maîtres du paysage. Le tableau du Louvre : *Diogène jetant son écuelle* (n° 453) est un des plus beaux parmi les admirables paysages qu'il a peints, avec ses derniers plans si frais et si lumineux, de nuances vertes si variées, son beau ciel, et cette végétation puissante qui s'étage en avant de la scène. Il y a aussi, au Louvre, une série de quatre tableaux à la fois allégoriques et religieux, qui représentent les *Quatre Saisons* (n° 448-451) par des scènes appropriées empruntées à l'Ancien Testament : le *Printemps* ou le *Paradis terrestre*, l'*Été* ou *Ruth et Booz*, l'*Automne* ou la *Grappe rapportée de la Terre Promise*, enfin l'*Hiver* ou le *Déluge*. Ce sont les derniers grands ouvrages achevés par le Poussin. Ils comptent à bon droit parmi les chefs-d'œuvre de son génie, notamment le *Déluge*, avec la grandeur tragique de sa composition, l'effet sinistre de son coloris d'un gris uniforme, parsemé çà et là de notes vives.

Parmi les tableaux les plus remarquables conservés dans les musées étrangers, il faut voir les deux *Bacchanales* de la National Gallery de Londres, les tableaux de Bâle, de Munich, de Rome et divers ouvrages dans des collections particulières.

Le Poussin, profitant, comme il convient, des enseignements de l'antiquité, avait conduit la peinture française aux dernières limites de l'expression; il l'avait amenée au plus haut degré de la noblesse sagement pondérée par la grâce. Il n'eut pas d'école proprement dite, mais son influence fut grande sur la plupart des peintres du dix-septième siècle.

Au nombre de ses imitateurs, il faut citer tout de suite Jacques Stella, de Lyon (1596-1657), qui se lia avec Poussin à Rome et conserva pour lui pendant toute sa vie un véritable culte, et Sébastien Bourdon, de Montpellier (1616-1671), qui subit son influence en même temps que celle des Carrache. Ce

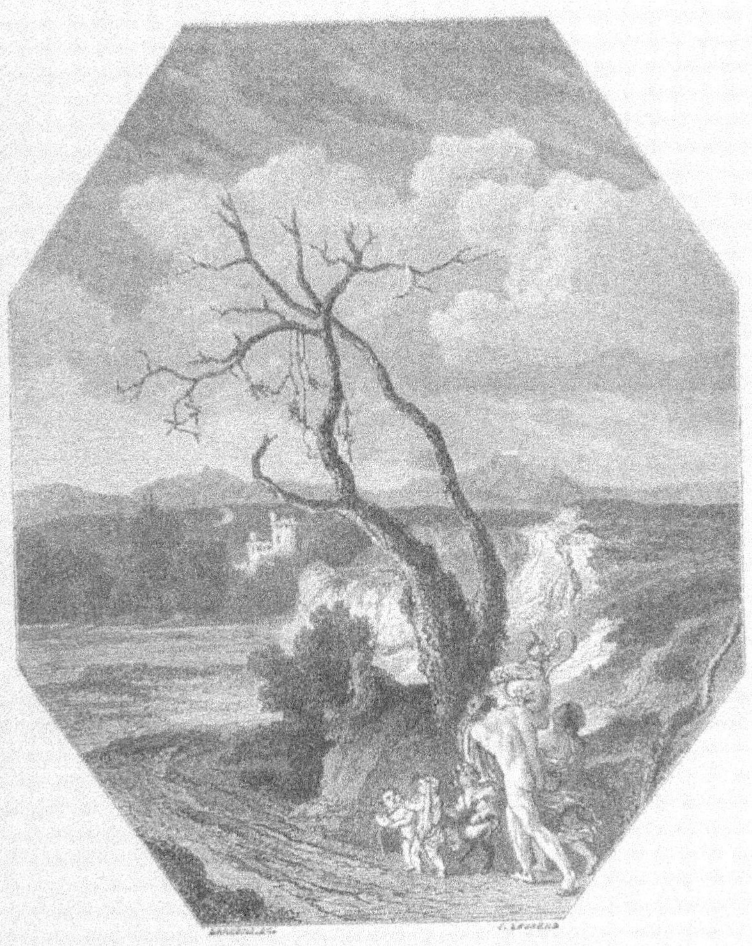

PEINTURE MURALE TROUVÉE AUX ANDELYS ET ATTRIBUÉE AU POUSSIN.

peintre nous a laissé de nombreux ouvrages consciencieux et

corrects, mais froids : ses décorations ont été très estimées par ses contemporains, et ses petits tableaux, *Haltes de Bohémiens* et *Mendiants*, faits à l'imitation du Hollandais Pierre van Laer, dit *Bamboche*, ont eu un grand succès. D'autre part, les paysages du Poussin ont trouvé dans le Guaspre et dans le Flamand Francisque Milet d'heureux imitateurs.

Le premier rang dans le genre du paysage proprement dit était réservé à l'un des plus grands génies dont puisse s'honorer notre école française, Claude Gelée, dit le Lorrain. Né en 1600, dans un château des bords de la Moselle, Claude Gellée fut orphelin de bonne heure. Après différents voyages en Suisse, en Italie, en Allemagne, il s'établit en 1627 à Rome, où ses œuvres lui valurent aussitôt la faveur de la cour papale et où il surpassa en honneur et en renommée tous les peintres italiens. Il mourut à quatre-vingt-deux ans, après avoir travaillé jusqu'au dernier moment, malgré une cruelle maladie dont il souffrait depuis quarante ans. Il a laissé un nombre considérable de tableaux, de dessins et d'eaux-fortes. Son application et sa force de travail étaient extraordinaires et il traitait les moindres détails avec une patience scrupuleuse.

L'un des premiers, le Lorrain osa faire des tableaux où le paysage avait le rôle principal, au lieu de servir simplement de fond à des scènes historiques, religieuses ou mythologiques. On trouve bien, il est vrai, dans les premiers plans de ses tableaux, de petites figures dont les attitudes correspondent aux titres des ouvrages; mais ces figures n'avaient pour le Lorrain lui-même aucune importance; on raconte qu'il les donnait « par-dessus le marché », suivant son expression, aux acheteurs de ses paysages, et qu'il en confiait l'exécution à ses élèves. Le paysage du Lorrain est très différent de celui du Poussin, et ses tableaux ne diffèrent pas moins de ceux des maîtres hollandais du paysage, des Ruysdaël et des Hobbema. Les joyeux sites de l'Italie, avec leurs vastes ports et leurs luxueux palais, les marines de la Méditerranée scintillant sous un soleil chaud remplacent chez le Lorrain la nature simple et triste de la brumeuse Hollande. Il y a plus : au lieu de l'effet détaillé et

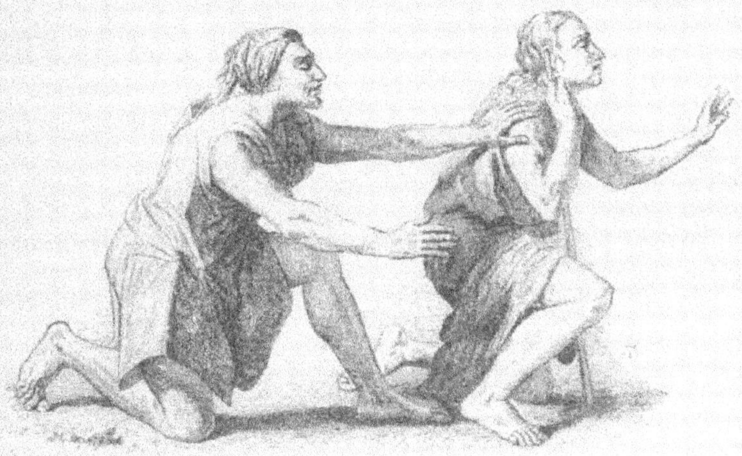

GROUPE TIRÉ DU TABLEAU « JÉSUS-CHRIST GUÉRISSANT LES MALADES », par le Poussin.

fragmenté des tableaux hollandais, chacun des paysages du Lorrain est avant tout une harmonie d'ensemble. Les lignes y sont nobles et légères, les ombres d'une incomparable fraîcheur; les eaux sont rendues avec une limpidité et une transparence délicieuses; les lumières ont, dans leur variété, une grande précision d'effet, en même temps qu'un éclat et une douceur inimitables. Enfin, les ouvrages du Lorrain sont un mélange intime et séduisant de poésie et de réalité : nous savons bien que ces lieux enchantés n'existent nulle part, et cependant nous avons la sensation de les voir réellement devant nous, avec l'apprêt de leur composition et l'éclat magique de leur lumière.

Le Louvre a conservé dix-sept tableaux de ce maître, français par le caractère profond de son art, bien que romain par son éducation et sa manière extérieure. Dans les deux tableaux du Salon Carré nous pouvons apprécier l'habileté de composition du Lorrain, la grâce subtile de son coloris, son goût de charmants effets de lumière se reflétant dans l'eau; nous pouvons y voir aussi des types parfaits de ce qu'on a appelé le *paysage historique*, c'est-à-dire d'une scène de la nature qui ne reproduit pas exactement un site réel, mais qui le compose au goût de l'artiste, en y joignant le plus souvent des monuments, des ruines ou de petites figures dans des poses variées.

Parmi les autres tableaux du Louvre, signalons : un *Port de mer au soleil couchant* (n° 222), avec l'effet si doux des reflets du soleil sur les vagues, la charmante lumière des premiers plans, l'architecture grandiose et élégante s'enlevant légèrement dans une lueur rose ; le *Débarquement de Cléopâtre à Tarse* (n° 223), la *Vue d'un port* (n° 227), le célèbre *Passage du gué* (n° 231), qui a malheureusement beaucoup souffert d'une restauration maladroite, *David sacré roi par Samuel* (n° 224), la *Fête villageoise* (n° 221), *Louis XIII prenant la Rochelle* (n° 233), tous chefs-d'œuvre de grâce et de distinction.

Mais il s'en faut que toutes les œuvres du Lorrain soient conservées au Louvre. Les musées étrangers, les collections d'amateurs renferment des œuvres plus admirables encore du

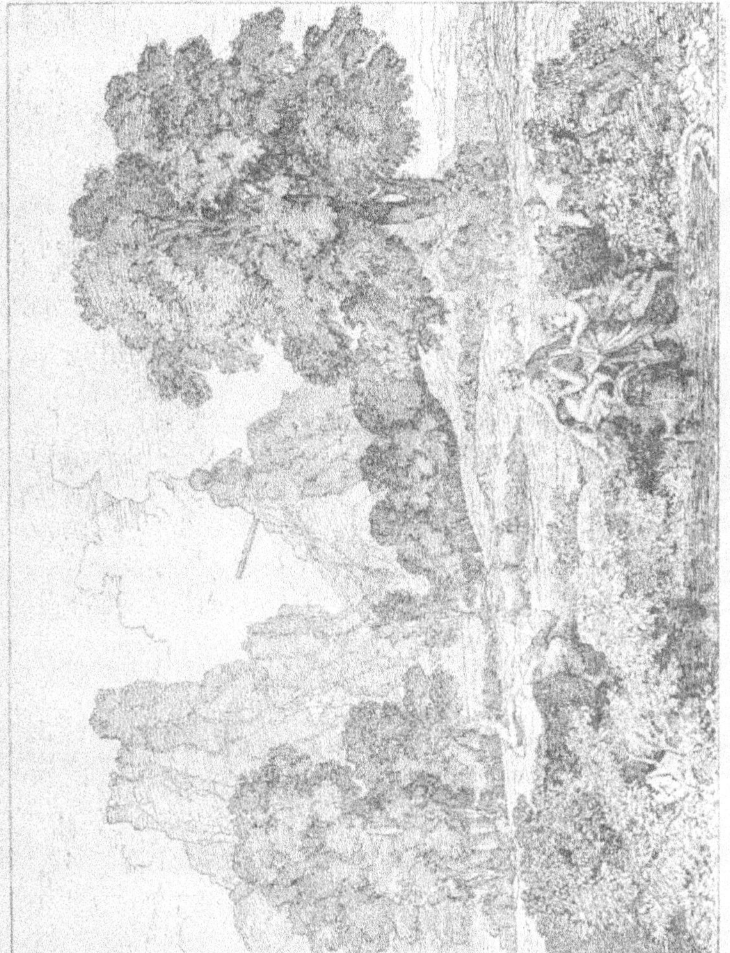

POLYPHÈME, PAYSAGE DU POUSSIN. (Musée de Saint-Pétersbourg.)

maître français qu'on a justement surnommé le « Raphaël du paysage ».

A la National Gallery de Londres, on voit un tableau très célèbre, mais très détérioré, lui aussi, par de sottes restaurations : les *Noces de Rébecca et d'Isaac*, plus connu sous le nom du *Moulin*; d'autres tableaux sont mieux conservés : *Sainte Ursule et les onze mille Vierges*, *Agar dans le désert*, *David à la caverne d'Addulam*, *la Mort de Procris*. Le Musée del Rey à Madrid possède neuf tableaux du Lorrain, parmi lesquels on doit citer l'*Anachorète en prière* et la *Madeleine*. Au Musée de l'Ermitage, à Saint-Pétersbourg, on voit quatre tableaux en pendant : le *Matin*, le *Midi*, le *Soir*, la *Nuit*, où le Lorrain se montre dans toute la prodigieuse variété de son talent. Une collection particulière anglaise possède des tableaux également célèbres, l'*Adoration du veau d'or* et le *Sermon sur la Montagne*, où les figures sont plus soignées et plus importantes qu'elles ne le sont d'ordinaire chez le Lorrain.

CHAPITRE III.

Le peinture académique et la peinture de portraits.

LE BRUN, MIGNARD, JOUVENET.

Le Sueur, Poussin et le Lorrain sont les trois grands représentants de la peinture classique au siècle de Louis XIV. A côté d'eux, une autre école de peintres constitue un art plus mouvementé, plus décoratif, plus approprié au goût du temps. Le chef de cette école est le célèbre CHARLES LE BRUN, de Paris (1619-1690), premier peintre du roi. Nous avons déjà vu ce peintre parmi les élèves de Simon Vouet ; en 1642, il partit pour Rome avec le Poussin, y resta quatre ans, puis revint à Paris, où il s'attira les faveurs et l'affection de Louis XIV par sa manière pompeuse, à la fois agitée et emphatique, et par son réel talent de décorateur. Le Brun fut toujours très disposé à subir toutes les influences : après les exemples de Raphaël et d'Annibal Carrache, après ceux de Vouet, du Poussin et de Le Sueur, les œuvres de Rubens vinrent à leur tour fournir quelques éléments à l'exubérance de son talent : il en tira un goût de compositions grandioses et pondérées, un emploi de couleurs plus vives que celles des maîtres classiques. Malgré toutes ces influences, pourtant, la peinture de Le Brun est toujours un peu froide ; son coloris est cherché plutôt que séduisant, ses mouvements guindés, ses expressions contraintes; ce n'est qu'au point de vue de l'ensemble que ses grandes compositions offrent parfois un aspect saisissant.

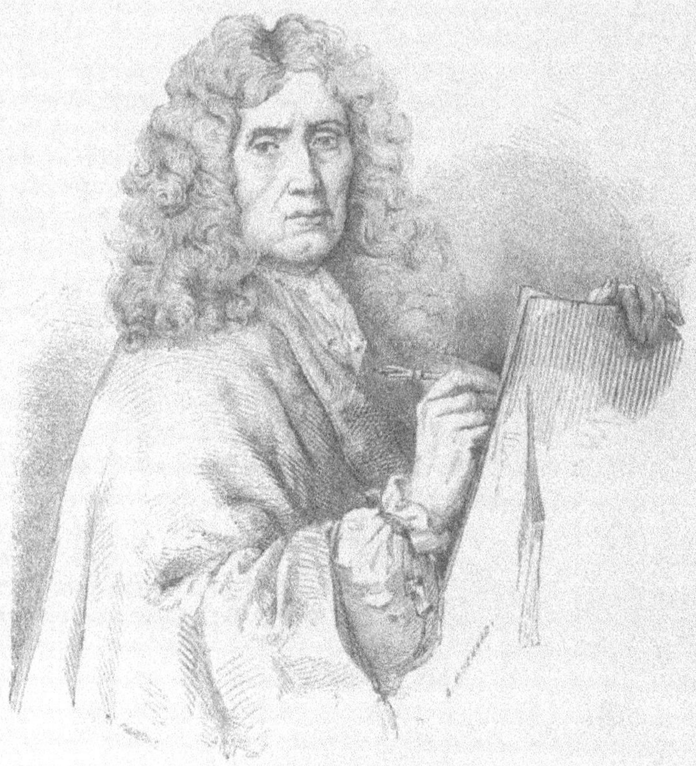

PIERRE MIGNARD, PAR LUI-MÊME.

Le Louvre possède un grand nombre des ouvrages de Le Brun. Le plus important est la série de tableaux consacrés à l'histoire d'Alexandre (n°s 70-74); le *Passage du Granique*, la

Bataille d'Arbelles, la *Famille de Darius prisonnière*, *Alexandre et Porus*, et l'*Entrée triomphale d'Alexandre à Babylone*. La galerie d'Apollon au Louvre et le palais de Ver-

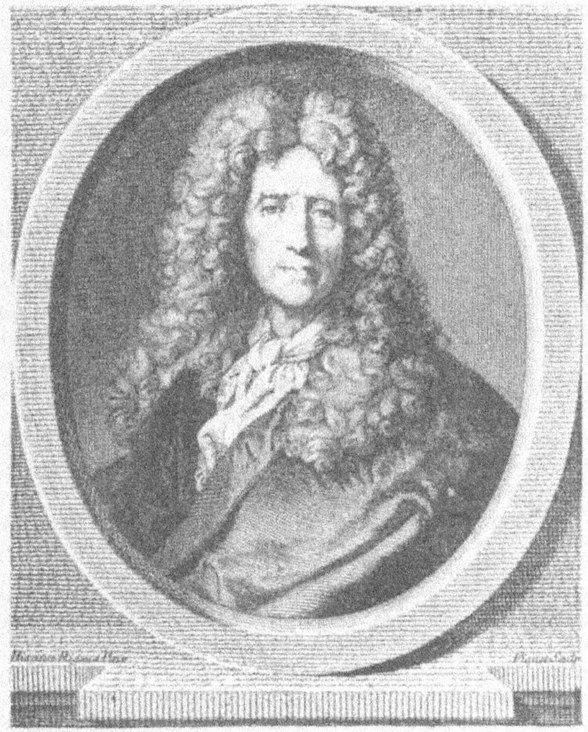

PIERRE MIGNARD, PAR HYACINTHE RIGAUD.

sailles nous font voir plusieurs peintures décoratives où la richesse d'invention et de composition peuvent faire oublier les défaillances du dessin et du coloris. Toutes ces œuvres, où nous retrouvons les goûts et les préférences de l'une des époques les plus glorieuses de notre pays, sont d'un intérêt historique bien supérieur à leur valeur artistique. Ces allusions à des dieux et à des héros, ces allégories pleines d'éclat et de grandeur, peintes dans une architecture somptueuse, étaient d'ailleurs bien faites pour plaire à Louis XIV et à sa cour ; elles

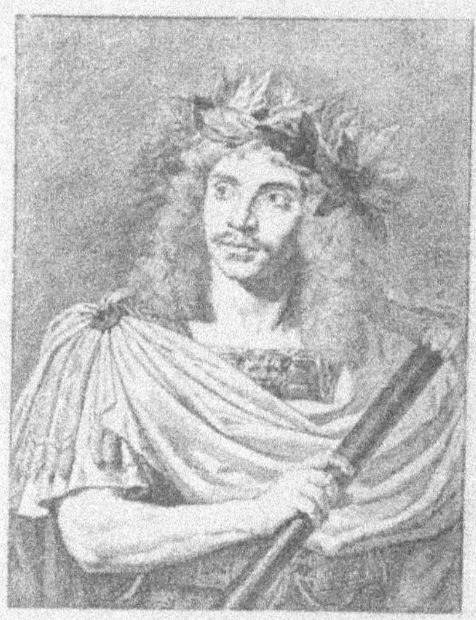

MOLIÈRE DANS UN RÔLE TRAGIQUE, PAR MIGNARD.

n'y ont pas manqué. Le grand roi fit présent à son peintre favori de son portrait orné de diamants; il l'anoblit, le nomma son premier peintre et directeur des tableaux et dessins de sa collection. En même temps Le Brun dirigeait la manufacture des Gobelins, pour laquelle il composait ou inspirait tous les dessins des cartons de tapisseries; il était encore le maître tout-puissant de l'Académie royale de peinture et de sculpture, et il voyait se presser autour de lui une foule d'artistes, parmi les-

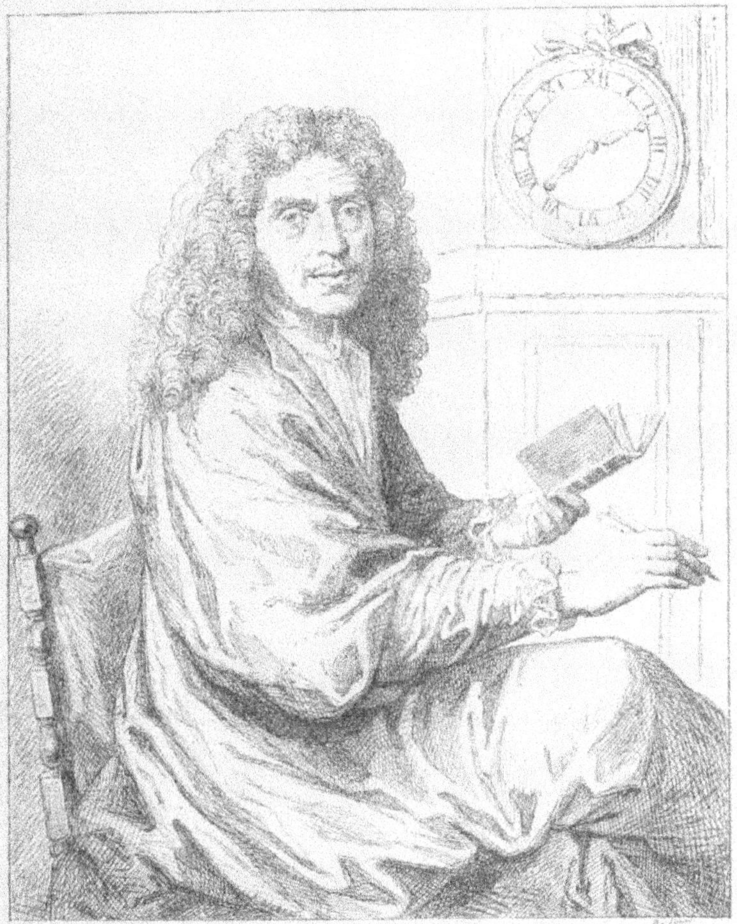

MOLIÈRE ÉCRIVANT, PAR MIGNARD.

quels il convient de citer les graveurs GÉRARD EDELINCK et

Audran, les sculpteurs Pierre Lepautre et Antoine Coysevox.

L'art presque exclusivement décoratif de Le Brun et de son école nous a conduits bien loin des profondes conceptions et de la liberté fière autant que raisonnable du Poussin. Et pourtant l'influence des œuvres et de l'esprit de ce maître de génie s'y fait vivement sentir. Le Brun n'a pas manqué de mettre en pratique les leçons du Poussin : nous pouvons le voir spécialement à la Dulwich-Gallery, dans son *Horatius Coclès défendant le pont Sulpicius*, au Louvre dans son *Caton d'Utique* et dans son *Martyre de saint Étienne*, tableaux où beaucoup de personnages ne sont que des figures du Poussin, agrandies et boursouflées.

Le Brun était d'ailleurs parfois capable de s'appliquer à des œuvres d'un caractère plus intime et plus recueilli; nous en avons la preuve dans son aimable tableau du Louvre : le *Christ aux Anges* (n° 62), peint pour fixer un rêve de la reine-mère Anne d'Autriche.

La faveur qui l'avait conduit et maintenu si haut s'affaiblit dans les derniers temps de sa vie. Protégé d'abord par Mazarin, puis par Colbert, il se vit sacrifié à son rival Mignard par Louvois, et l'on raconte même que la disgrâce où il tomba lui causa une maladie de langueur dont il mourut.

Le rival préféré de Le Brun, Pierre Mignard, de Troyes (1610-1695), étudia pendant de longues années en Italie; mais au lieu d'y prendre, comme Vouet, Poussin et le Lorrain, le goût de compositions nobles et pures, il a plutôt emprunté aux derniers descendants de Carrache un genre langoureux et sentimental, revêtu de cette grâce un peu affectée qu'on a, de son nom, appelée *mignardise*. Cette peinture s'accordait bien du reste avec la nature insinuante de son caractère : ce fut lui qui, après la campagne de 1677, répondit à Louis XIV lui de-

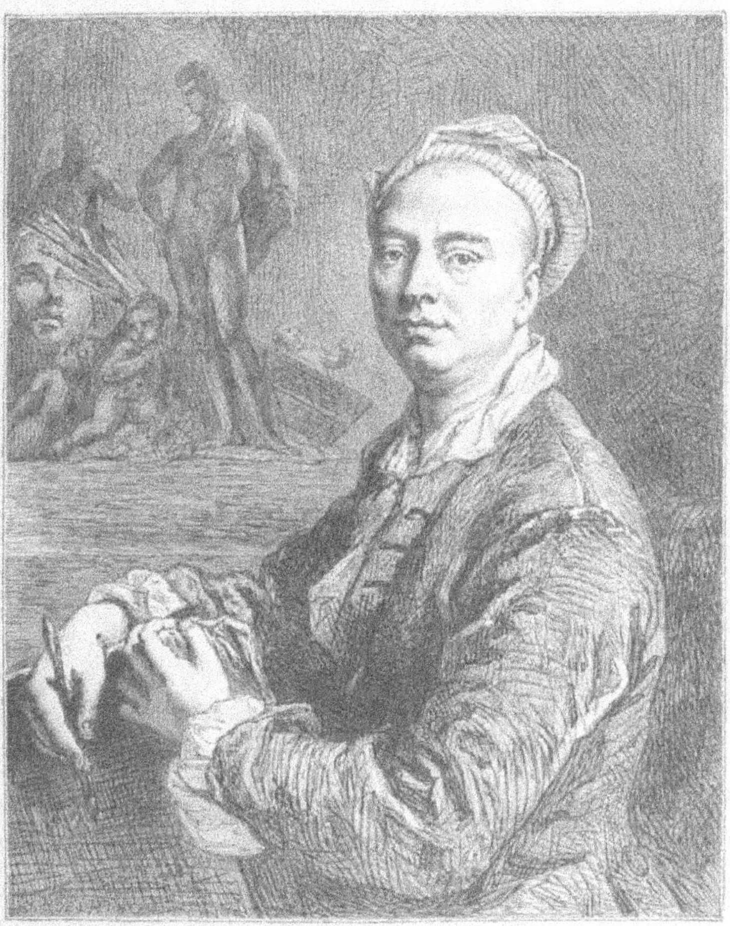

NICOLAS DE LARGILLIÈRE, PAR LUI-MÊME.

mandant s'il le trouvait vieilli : « Sire, je trouve quelques victoires de plus gravées sur vos traits. » Et c'est par des flatteries de cette sorte qu'il parvint à supplanter dans les faveurs du roi et de ses ministres l'orgueilleux Le Brun.

Deux tableaux du Louvre, la *Vierge en pleurs* (nº 352), et le *Christ couronné d'épines* (nº 351), sont caractéristiques de la manière de Mignard en ce qu'elle a d'exagéré et de froid. Mais le même peintre, qui était d'ailleurs un praticien habile, est parvenu parfois à tirer de ses qualités et de ses défauts un très heureux parti. C'est ce que prouvent son chef-d'œuvre, la grande *Fresque du dôme du Val-de-Grâce*, et sa célèbre *Vierge à la grappe* (nº 349), dont l'aspect doucereux et léché n'empêche pas l'incontestable beauté des mouvements et de l'expression. Le coloris même n'a pas ici les tons criards et discordants qui gâtent trop souvent les peintures de Mignard.

La cause principale de la célébrité de ce peintre fut dans la manière claire et chatoyante dont il sut traiter le portrait : c'est là que sa flatterie naturelle se donna un libre cours. La plupart des grands personnages d'alors voulurent avoir leurs traits embellis par son pinceau moelleux et plein de riches couleurs. Nous revoyons au Louvre quelques-uns de ces portraits, dans des poses le plus souvent affectées, avec des mines à la fois souriantes et solennelles, parmi de somptueux accessoires. Les nombreux portraits de Molière et ceux que le peintre nous a laissés de lui-même ont pourtant quelque chose de plus ferme et sont à bon droit célèbres.

Un artiste de grand talent, Hyacinthe Rigaud, de Perpignan (1659-1743), est resté, dans ce genre du portrait, l'une des gloires de l'école française. Ses tableaux séduisent par leur dessin magistral et par la puissance harmonieuse de leur couleur autant que par l'ampleur et le fini des draperies. On re-

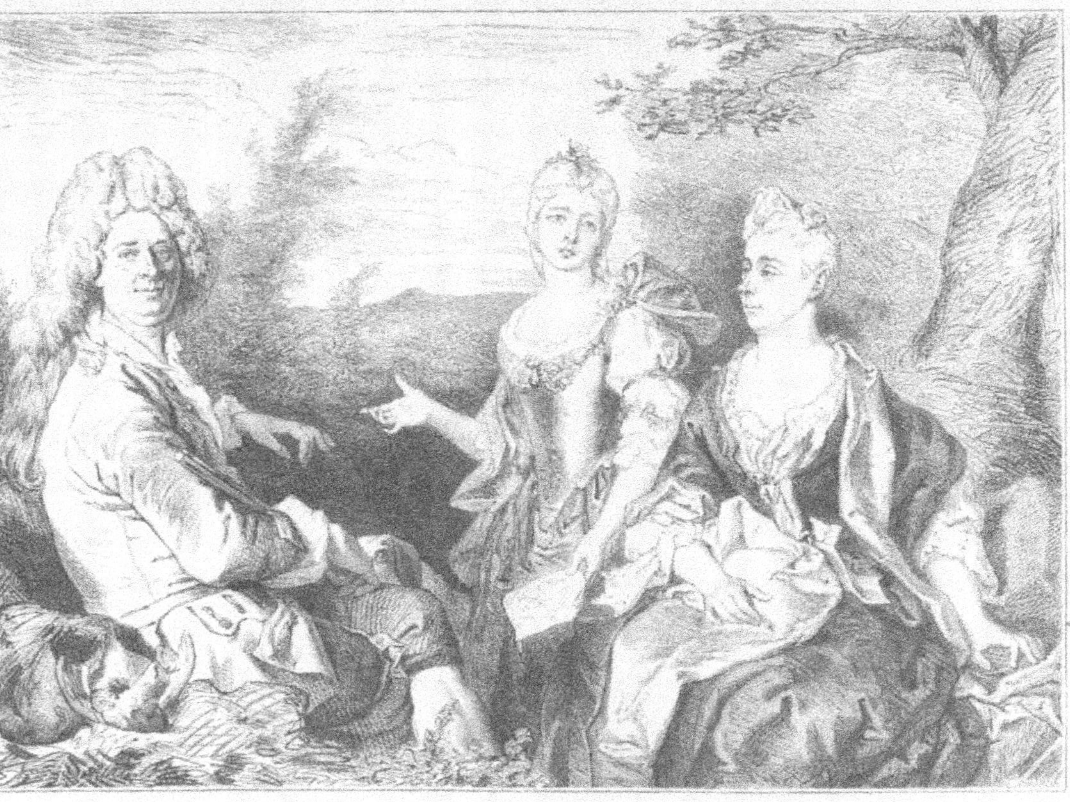

Largillière et sa famille, par Largillière. (Musée du Louvre.)

marquera au Louvre le portrait de *Philippe V d'Espagne* (nº 476), celui de *Louis XIV* (nº 475), celui de *Bossuet*, et surtout le merveilleux portrait de *Bonne de Créqui*, à la fois gracieux et solide, plein de simplicité et de grandeur.

Parmi les autres portraitistes du dix-septième siècle, il faut citer Le Fèvre, de Fontainebleau (1633-1675). Dans son célèbre *Portrait d'un maître et de son élève* (nº 195), au Louvre, le coloris est un peu uniforme : mais le modelé des chairs, vigoureux et poussé, rappelle les meilleurs portraits des maîtres flamands.

On voit encore au Louvre plusieurs œuvres très importantes d'un portraitiste ami de Le Brun, Nicolas de Largillière, de Paris (1656-1746). Le *Portrait de Largillière et de sa famille*, dans la collection Lacaze, s'impose tout spécialement par sa facture correcte et sa grâce séduisante.

Cependant d'autres peintres poursuivaient la tradition classique, tout en inclinant de plus en plus vers le genre théâtral. La Fosse, élève de Le Brun (1636-1716), couvrait de peintures chaudement colorées la voûte de l'église de l'Assomption et la grande coupole des Invalides. Jean Jouvenet (1644-1717), d'abord imitateur du Poussin, puis employé par Le Brun aux décorations de Versailles, s'éprenait plus particulièrement du style de Rubens : il joignait à la magistrale ordonnance de Le Brun quelque chose de plus expressif dans les physionomies et les mouvements, de plus léger et de plus vif dans le coloris. On peut le juger au Louvre dans sa *Descente de croix* (nº 301), qui présente un ensemble coloré de nobles formes habilement dessinées, dans son *Portrait du médecin de Louis XIV, Fagon* (nº 306), et surtout dans son grand tableau, la *Pêche miraculeuse* (nº 297), un des chefs-d'œuvre de l'art français au dix-septième siècle. Les couleurs y sont vigoureuses et bien alliées,

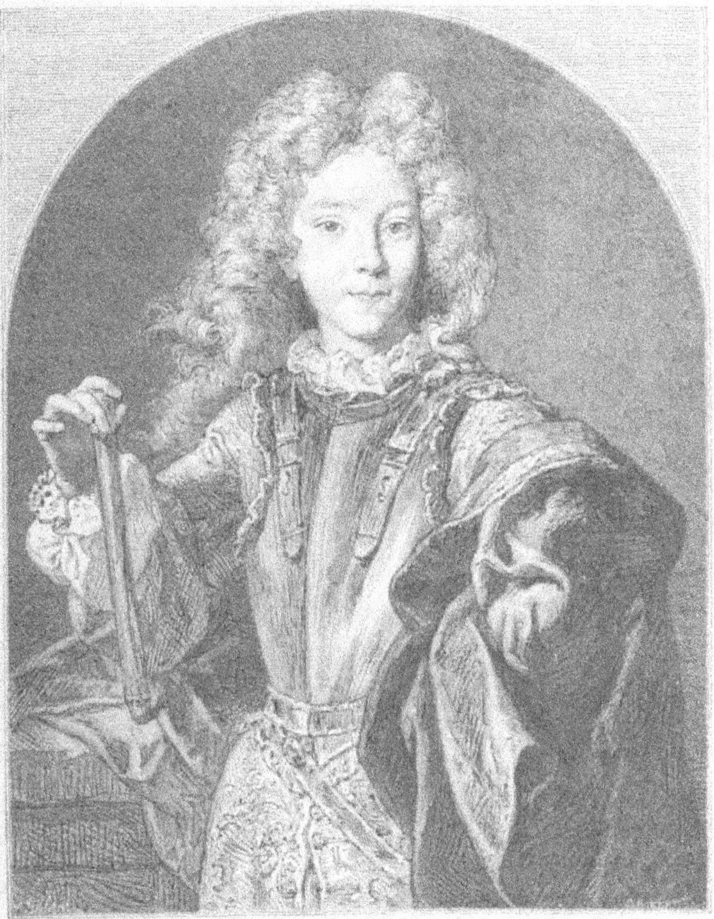

Bonne de Créqui, par Hyacinthe Rigaud. (Musée du Louvre.)

les mouvements pleins de justesse, en particulier ceux de

l'homme amarrant un cordage et de la femme assise par terre. Du fond large et grandiose le Christ se détache superbement dans une attitude saisissante bien qu'un peu apprêtée. Jouvenet, d'ailleurs, aimait son art avec une passion admirable : ayant eu dans sa vieillesse la main droite paralysée, il se servit de la main gauche, et sut peindre encore diverses compositions très importantes, notamment un *Plafond du Parlement de Rouen* et une *Visitation*.

Avec ANTOINE COYPEL (1661-1722), plus encore qu'avec Jouvenet, nous sommes dans une époque de transition. L'art est devenu factice : on ne se souvient des exemples des peintres classiques ou des enseignements de l'Académie que pour les accorder avec des expressions et des attitudes conventionnelles, dans un agencement purement théâtral. Le sens de l'observation s'en va, et n'est pas encore remplacé, comme il le sera au début du dix-huitième siècle, par une libre et élégante fantaisie.

CHAPITRE IV.

Les peintres indépendants.

VALENTIN, CALLOT, LES LE NAIN, ETC.

Avant d'étudier la brillante époque des Watteau et des Chardin, il convient que nous remontions pour un instant jusqu'au commencement du dix-septième siècle. Nous avons été amenés jusqu'ici à considérer successivement les peintres classiques et les peintres académiques. Les uns, comme le Poussin, ont exercé leur fier génie en toute liberté; les autres, comme Le Brun, ont essayé de conformer leur peinture au goût de leur temps en lui donnant une grandeur souvent emphatique. Mais tous ces artistes, en gardant, à des degrés différents, leurs caractères originaux, ont subi l'influence de l'esprit calme et solennel de leur époque, tous ont cherché le point de départ de leur manière dans les ouvrages de grands maîtres de la renaissance italienne. Nous devons maintenant dire quelques mots de plusieurs artistes qui sont restés plus ou moins étrangers à ce mouvement classique, et qui peuvent être considérés comme des exceptions.

Moïse Valentin, de Coulommiers (1600-1634), a passé en Italie la plus grande partie de sa courte existence, mais il ne semble pas y avoir eu d'autre modèle que les œuvres tourmentées et fougueuses du Caravage. Les tableaux de Valentin rappellent en effet ceux du Caravage et de son successeur Ribera, par leur modelé des chairs sur un fond sombre, la vigueur de leurs mouvements, et la force tragique de leurs expressions. Pourtant, comme tous ses compatriotes, Valentin a modifié l'art qu'il imitait en y introduisant une élégance toute particulière, et malgré la vulgarité de ses figures, on peut dire qu'il a évité les brutalités qui détonnent dans l'œuvre de ses modèles. Il faut voir au Louvre ses deux *Concerts*, ses célèbres *Joueurs* (n° 589), sa *Diseuse de Bonne aventure* (n° 588), son *Jugement de Daniel* (n° 583), et surtout son *Jugement de Salomon* (n° 584), qui est un véritable chef-d'œuvre par la beauté des expressions, la chaleur et la variété du coloris, le dessin si gracieux et si vivant des deux femmes, de l'enfant mort et de l'autre enfant.

Jacques Callot, de Nancy (1588-1635), mérite d'être cité ici, encore qu'il ait été plutôt graveur que peintre. Ce batteur d'estrade avait fait plusieurs voyages mêlés d'aventures de toutes sortes, en Italie et aux Pays-Bas. Après s'être successivement attiré, par ses manières aimables, par la finesse de son esprit et par le charme piquant de ses œuvres, la protection du grand-duc de Toscane, du duc de Lorraine, de Cosme de Médicis, d'Élisabeth d'Autriche, de Richelieu et de Louis XIII, il revint à Nancy, où il vécut d'une vie modeste et très laborieuse. Son œuvre gravée est considérable; elle est pleine d'une forte saveur d'originalité. Soit qu'il dessine des *Bohémiens*, soit qu'il traduise la *Tentation de saint Antoine*, soit qu'il représente l'*Histoire de l'Enfant prodigue* ou la *Vie de la Vierge*, le trait vif et piquant qui convient exactement au sujet ne lui fait jamais défaut, et l'on ne cesse pas de reconnaître sa main. Sa verve purement française joint à l'esprit mordant le sentiment poétique, et dans de simples gravures, ce dessinateur de génie nous montre toutes les qualités qui font les grands peintres.

Citons en passant JACQUES BLANCHARD, de Paris (1600-1638), qui étudia surtout à Venise, et qui, revenu en France, eut des prétentions injustifiées à être le Titien français; LAURENT DE LA HIRE, de Paris (1606-1656), qui s'adonna à l'imitation des maîtres de Fontainebleau, surtout du Primatice; et JACQUES COURTOIS, dit le BOURGUIGNON (1621-1676), qui a vécu en Italie. Ce

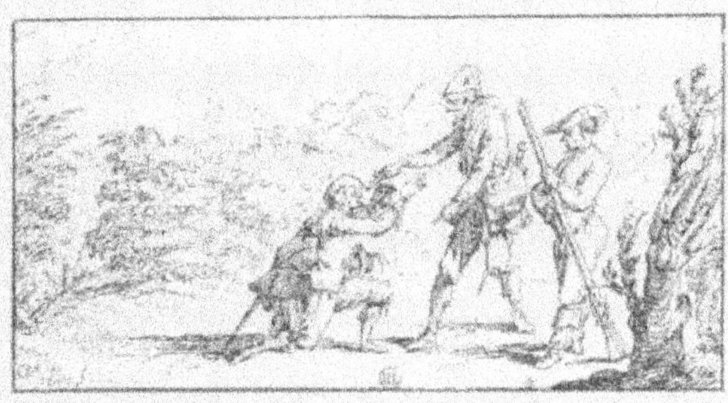

L'ATTAQUE, PAR CALLOT. (Dessin du Musée du Louvre.)

dernier, après avoir traité, d'un pinceau vif et agréablement coloré, des petits sujets de batailles, se retira dans un couvent de Rome, où il peignit quelques tableaux de sainteté.

Bien que PHILIPPE DE CHAMPAIGNE (1602-1674) soit né à Bruxelles, nous devons mentionner son nom, car c'est en France qu'il a surtout vécu; et bien qu'au fond de ses œuvres on retrouve les caractères de l'École flamande, nous ne pouvons oublier qu'il fut le peintre ordinaire des philosophes de Port-Royal, et qu'il en adopta, bon gré mal gré, l'esprit d'austérité. Avons-nous besoin de rappeler, au Louvre, son grand et admirable *Portrait de Richelieu*, et ses deux étranges *Portraits de jeunes filles*?

Pierre Puget, de Marseille (1622-1694), est plus connu par ses admirables sculptures, les *Cariatides* de Toulon, le *Milon de Crotone* du Louvre, et par les colossales décorations en bois sculpté dont il orna les poupes des navires, que par ses tableaux. Il fut pourtant un peintre avant que d'être un sculpteur, et il a produit plusieurs tableaux d'église où l'on retrouve ses formes vigoureuses dans un coloris dépourvu d'harmonie et plein de crudités. Il avait étudié en Italie, et la forte in-

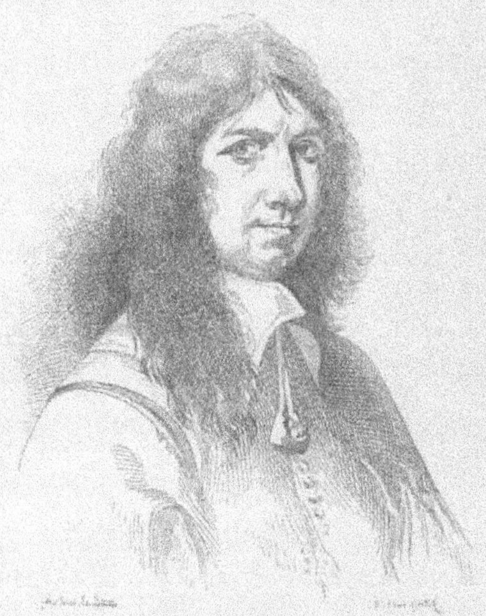

Portrait attribué à Le Nain. (Musée du Puy.)

fluence qu'il y reçut se traduit dans ses rares tableaux autant

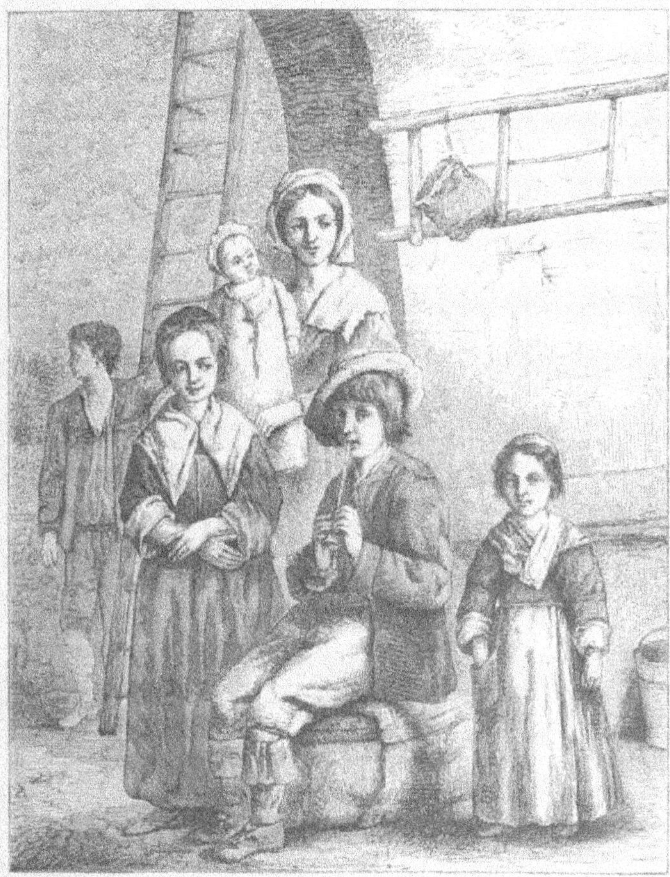

Le Petit Musicien, par Le Nain.

que dans ses nombreuses sculptures : mais elle ne fait qu'accentuer cette énergie d'expression et cette fougue de mouvement qui lui ont valu le surnom de *Michel-Ange français*.

Avant de passer au dix-huitième siècle, il ne nous reste plus qu'à parler des Le Nain. On ne possède pas de renseignements précis sur la biographie des trois frères Le Nain ; on sait seulement qu'ils étaient originaires de Laon, qu'ils travaillèrent vers le milieu du dix-septième siècle et qu'ils ont fait partie de l'Académie royale. Les registres de cette Académie ne font du reste mention d'eux que comme de peintres de *bambochades*. Les Le Nain ne peuvent être rattachés à aucun maître ni à aucune école. On trouve bien chez eux le réalisme minutieux des Hollandais, leur goût des effets de lumière et des couleurs brillantes : mais, au lieu d'être indifférent ou jovial comme chez les Hollandais, le réalisme des Le Nain a toujours quelque chose de sentimental et de mélancolique; leur coloris dénote toujours une plus grande préoccupation de l'effet d'ensemble; enfin toutes leurs figures ont une élégance et une expression qui manquent souvent dans les tableaux des *petits Hollandais*. La manière des Le Nain est d'ailleurs un produit caractéristique du réalisme français. Jamais avant ni après eux on n'a exprimé avec cette sobriété la vie intime et populaire de notre pays. Il suffit pour en juger de voir au Louvre l'admirable *Repas de paysans*, de la salle Lacaze, le *Maréchal ferrant* (n° 375), composition si pleine de naturel et de vie, avec les expressions un peu tristes des visages et le bel effet de la lumière flamboyante sur les vêtements rouges; le petit tableau des *Joueurs* (n° 805), si réaliste et si simple, le *Reniement de saint Pierre* (n° 806), etc. L'absence d'exagération, qui distingue si vivement des œuvres italiennes les œuvres des peintres classiques français, est encore ce qui distingue les Le Nain des réalistes hollandais et leur donne une place unique dans

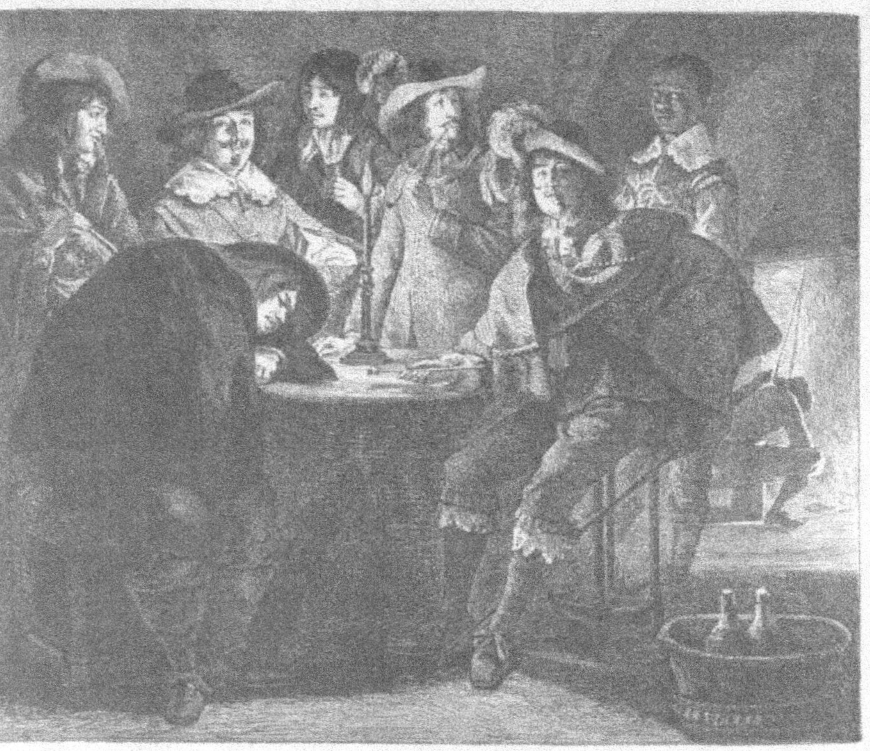

Intérieur d'une tabagie, par Le Nain.

l'histoire de la peinture. Les mêmes caractères persistent dans divers *portraits*, dans les *Moissonneurs* du Louvre, et dans des *Intérieurs de tabagie*. Notre Musée possède encore un autre tableau, d'un aspect assez différent : une *Procession de prêtres, de chantres et d'enfants de chœur* (nº 378), que le catalogue attribue aux Le Nain. Ce tableau est absolument un chef-d'œuvre. Quelle vérité dans les têtes si françaises, dans le coloris étincelant des costumes, dans l'impression d'ensemble! L'attribution aux Le Nain de cette merveilleuse peinture est, il est vrai, très contestée : mais à quel autre peintre pourrait-on faire honneur d'une composition si différente de tout l'art du dix-septième siècle, si évidemment française, pourtant, et d'un réalisme si sobre et si distingué?

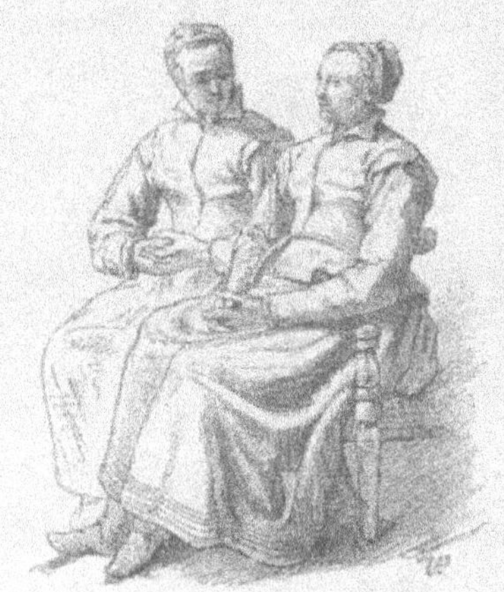

TROISIÈME PARTIE.

LA PEINTURE FRANÇAISE AU DIX-HUITIÈME SIÈCLE.

CHAPITRE PREMIER.

Les maîtres.

WATTEAU ET CHARDIN.

L'influence italienne n'est plus, au dix-huitième siècle, ce qu'elle était au siècle précédent ; elle décroît peu à peu, et cède de plus en plus la place à l'influence des maîtres flamands et hollandais. C'est à Rubens que quelques-uns des peintres français du dix-huitième siècle empruntent l'éblouissante variété de leur coloris, l'ampleur et le mouvement de leurs figures, tandis que d'autres rappellent et souvent surpassent les *petits Hollandais* par le réalisme scrupuleux de leur manière. Mais l'art français du dix-huitième siècle, dans son ensemble, présente des traits tout à fait originaux, qui ne le distinguent pas moins de tous les arts des autres pays que de l'art qui l'a précédé en

France : il se caractérise notamment par une extrême légèreté

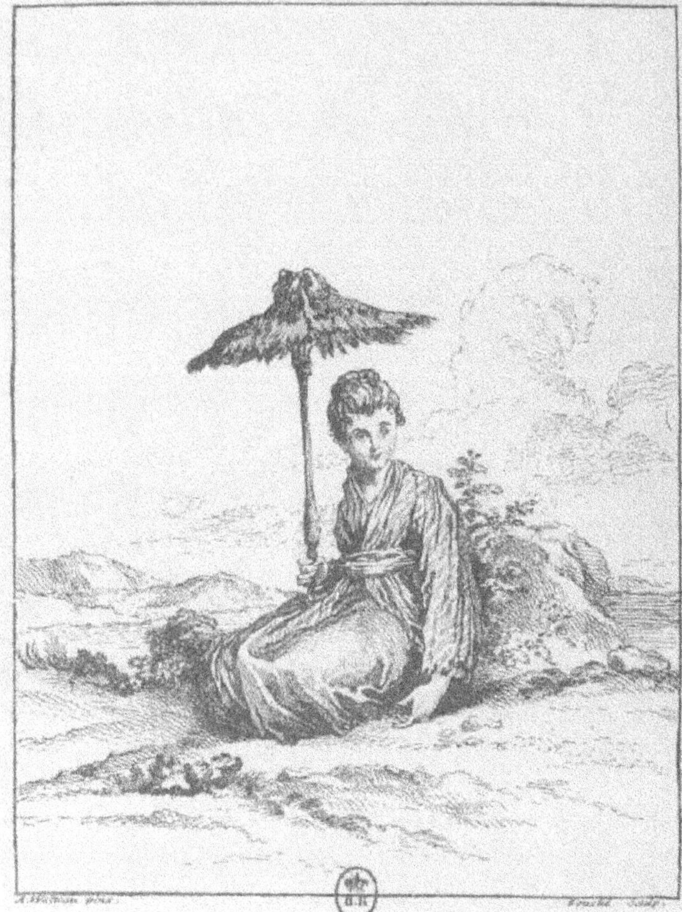

NIKOU, PEINTURE DE WATTEAU GRAVÉE PAR BOUCHER.

dans la composition, les formes et les couleurs; par une

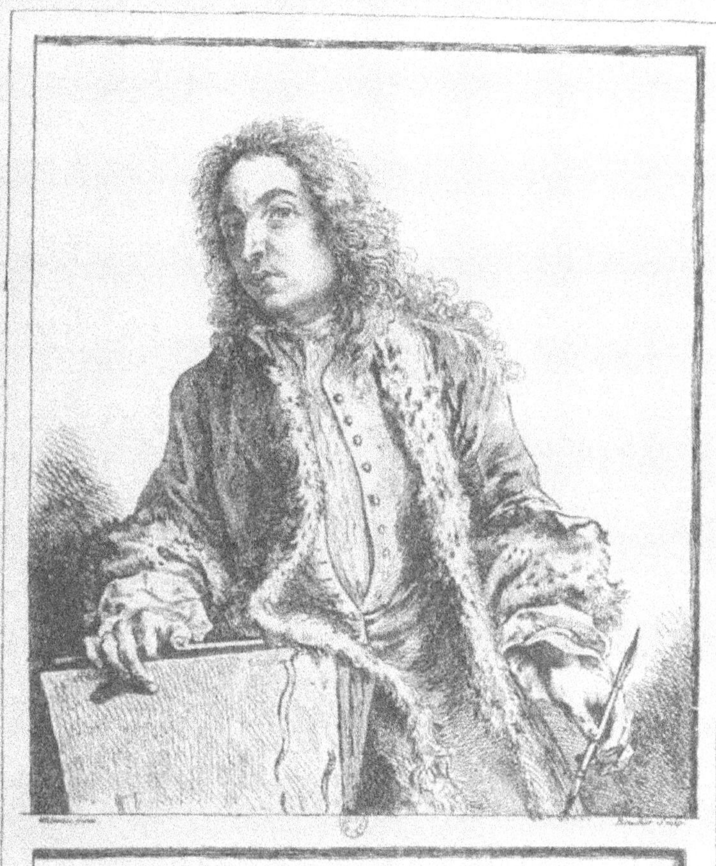

Portrait de Watteau, par lui-même, gravé par Boucher

élégance qui n'est plus noble et calme comme celle du siècle de Louis XIV, mais subtile, langoureuse, spirituelle. La peinture du dix-septième siècle avait été par excellence une peinture raisonnable et intellectuelle : celle du siècle suivant fut, avant tout, une peinture sensuelle et mondaine.

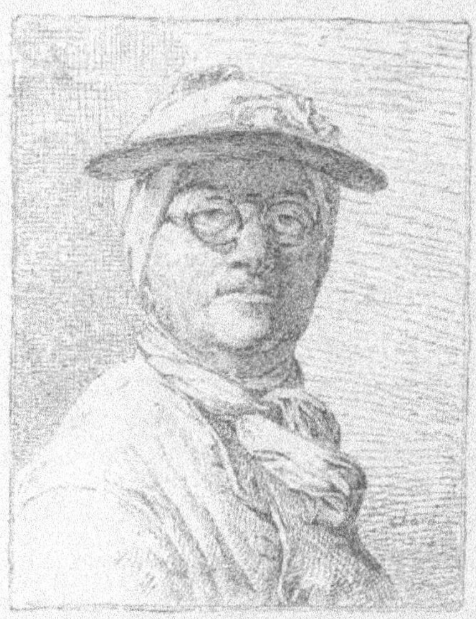

CHARDIN, PAR LUI-MÊME.
(Pastel du musée du Louvre.)

Deux peintres d'un génie extraordinaire, les maîtres les plus originaux qu'ait produits la France, dominent l'art du dix-huitième siècle : WATTEAU et CHARDIN. Non seulement ils sont, l'un et l'autre, supérieurs à tous leurs contemporains par leur génie et la beauté de leurs ouvrages, mais encore l'un et l'autre nous offrent le résumé le plus parfait des deux tendances qui se partagent l'art du dix-huitième siècle : la tendance fantaisiste, incarnée dans Watteau, la tendance réaliste, merveilleusement représentée par l'œuvre de Chardin. Aussi convient-il de réunir les noms de ces deux maîtres, malgré la profonde différence de leurs génies, et de leur consacrer une étude plus détaillée qu'au reste de leurs contemporains.

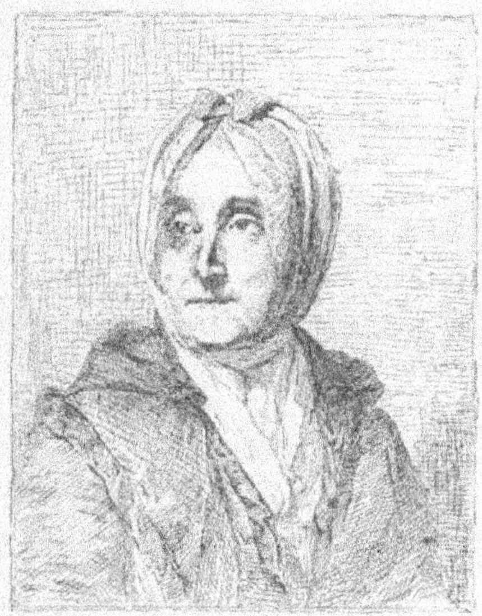

MADAME CHARDIN.
(Pastel de Chardin, au musée du Louvre.)

La vie de Watteau nous est aujourd'hui bien connue. Nous en trouvons les faits principaux dans une longue notice biographique du comte de Caylus, qui a connu le peintre et a été son ami. Depuis, les travaux de M. Paul Mantz sont venus contrôler et compléter les renseignements du comte de Caylus. Nous ne pouvons malheureusement qu'esquisser en quelques lignes, ici, le tableau de cette courte existence toute consacrée à l'art.

Jean-Antoine Watteau est né à Valenciennes, au mois d'octobre 1684. Son père, Jean-Philippe Watteau, était un maître couvreur assez peu fortuné, et il semble que le jeune Antoine ait eu d'abord quelque peine à faire admettre par ses parents sa vocation artistique. Il y parvint, cependant, et entra, en 1698, dans l'atelier d'un peintre de son pays, Jacques Albert Gérin. Mais bien plus que les leçons de ce maître médiocre, les ouvrages de Rubens, de Van Dyck, de Crayer et de Martin de Vos, assez nombreux à Valenciennes et dans les églises des environs, durent contribuer à former la main du jeune homme et à lui donner le goût d'un art original.

A vingt ans, Antoine s'enfuit à Paris, où il vit misérablement, et trouve enfin à s'employer chez un certain Métayer, qu'il quitte bientôt, faute d'ouvrage, pour s'enrôler chez un méchant fabricant de fausses toiles de maîtres, au Pont Notre-Dame. Un heureux hasard le met alors en rapport avec le peintre qui seul peut être considéré comme son précurseur et son maître : Claude Gillot. Gillot, né à Langres en 1673, avait essayé le premier de substituer à l'art classique du siècle un art plus libre et tout de légère fantaisie; c'est par lui que Watteau fut initié aux mœurs de la Comédie italienne, alors fort en vogue, à tout ce monde de Pierrots, de Scaramouches, d'Arlequins et de Colombines, qu'il devait faire revivre dans ses immortels chefs-d'œuvre. Dès ce moment, le jeune peintre est mûr pour des œuvres personnelles. Brouillé avec Gillot, il travaille avec Audran à décorer le palais du Luxembourg, et ce travail lui donne l'occasion d'étudier de près l'œuvre qui a eu le plus d'influence sur sa manière, la série des tableaux de Rubens consacrés à la vie de Marie de Médicis. On raconte que, vers cette époque, Watteau, las de sa dépendance, peignit de

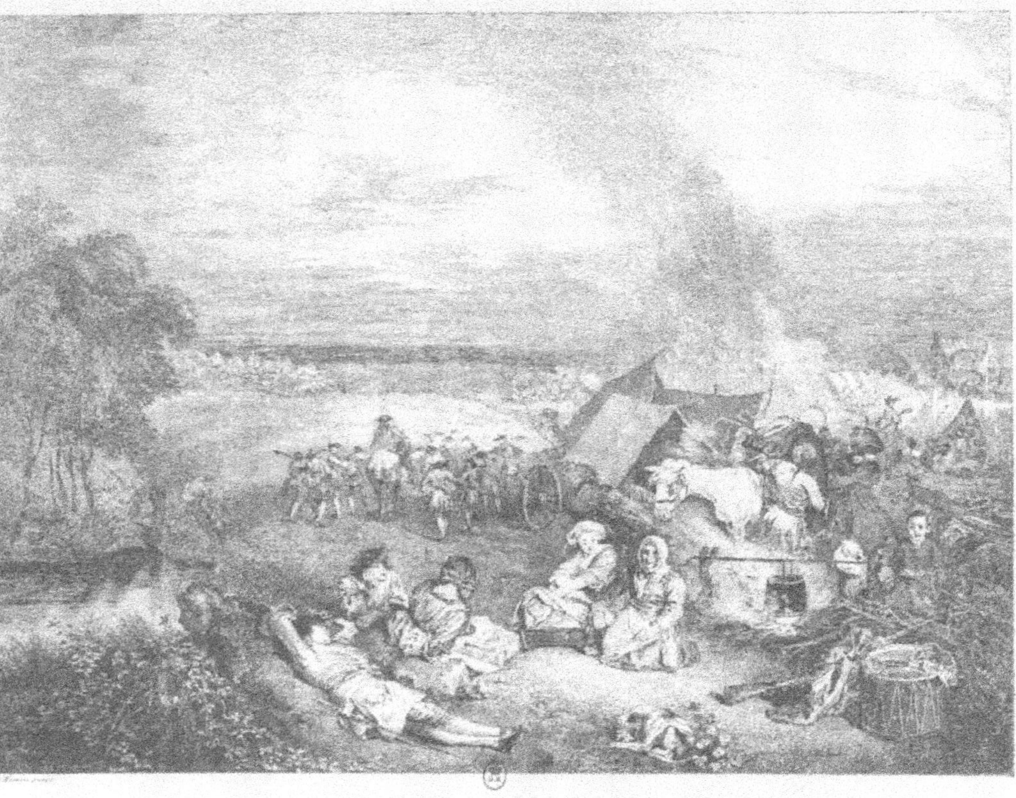

Escorte d'équipages, par Watteau.

son propre gré un petit tableau représentant un *départ de troupe*. Avec les 60 livres qu'il en retira, il régla ses affaires à Paris et revint à Valenciennes. Mais son premier tableau, et un autre exécuté peu de temps après, l'avaient fait connaître à

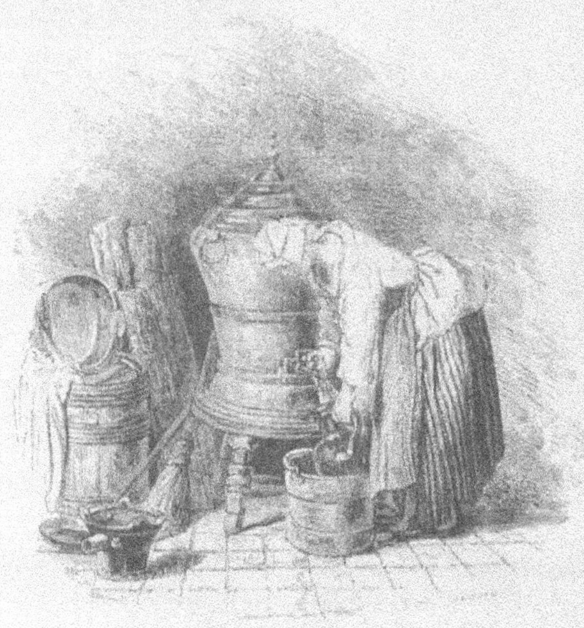

LA FONTAINE, PAR CHARDIN.

Paris ; et il dut bientôt y retourner, pour répondre aux nombreuses commandes qu'on lui faisait. En 1709, pris du désir de connaître à fond l'art italien, et notamment l'art vénitien, qu'il avait étudié avec passion dans une collection particulière de Paris, il concourut pour le prix de Rome, mais n'obtint que la seconde récompense. Enfin, en 1717, il fut reçu membre de l'Académie royale. Mais sa santé commençait dès lors à s'altérer, et son état fut encore aggravé par un séjour qu'il fit en

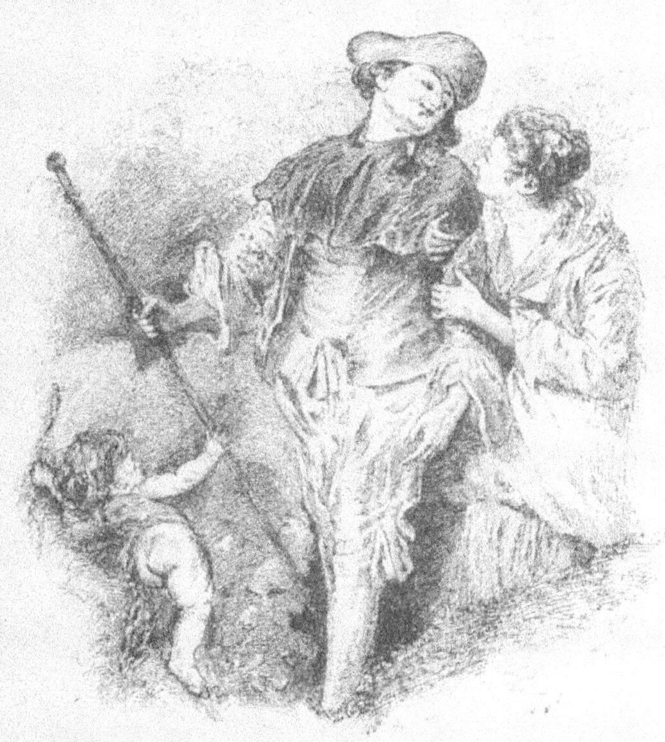

Groupe tiré du tableau « l'Embarquement pour Cythère », par Watteau.
(Musée du Louvre.)

Angleterre, en 1720. Revenu à Paris, en 1721, il peignit d'abord une enseigne pour un marchand de ses amis, Gersaint, qui nous a aussi laissé sur lui de précieux renseignements biographiques; mais le séjour de Paris lui devint bientôt impossible, et c'est dans une petite maison de Nogent, près de Vincennes, qu'il est mort, le 18 juillet 1721, à peine âgé de trente-sept ans.

Timide, mélancolique, et un peu misanthrope, Watteau n'en

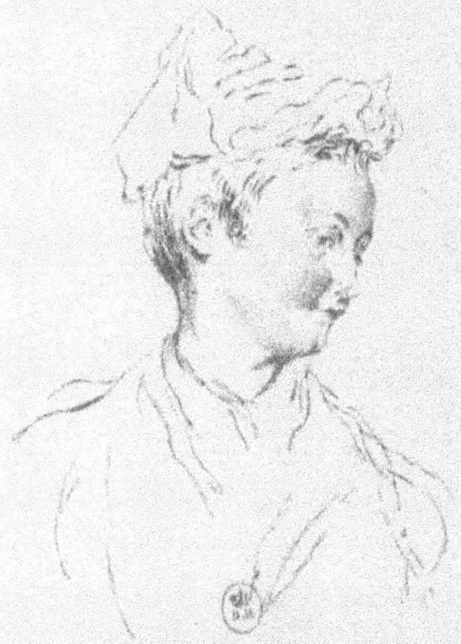

Étude de tête de femme, par Watteau.

fut pas moins un homme excellent, plein de dévouement et de générosité. Comme tous les grands artistes, il ne cessa point de se méfier de lui-même, toujours mécontent de ses ouvrages, toujours occupé à s'instruire et à se perfectionner. Les trop rares peintures qu'il nous a laissées, ses dessins, ses ébauches attestent un génie d'une élégance, d'une variété, d'une lé-

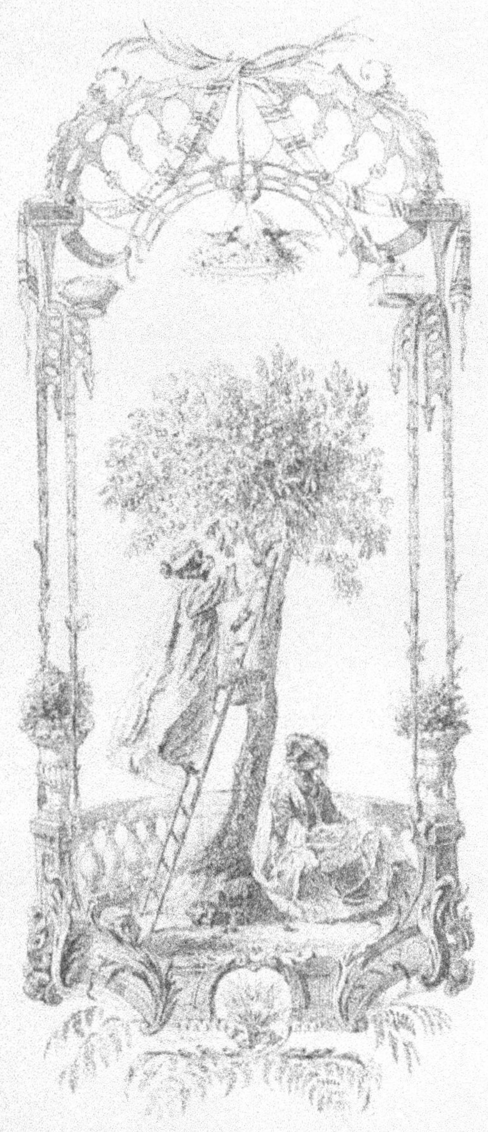

Les Plaisirs des champs, panneau décoratif, par Watteau.
(Château de Chantilly.)

gèreté incomparables. Ce sont des poèmes, imprégnés à la fois d'une douce gaîté et d'une étrange mélancolie. Les moindres éléments du dessin et de la couleur, chez Watteau comme chez son maître Rubens, contribuent à un effet général, servent à exprimer une émotion de son âme d'artiste. Mais les émotions qu'il exprime sont tout autres que celles que traduisait Rubens : elles sont infiniment plus délicates, plus nuancées, plus

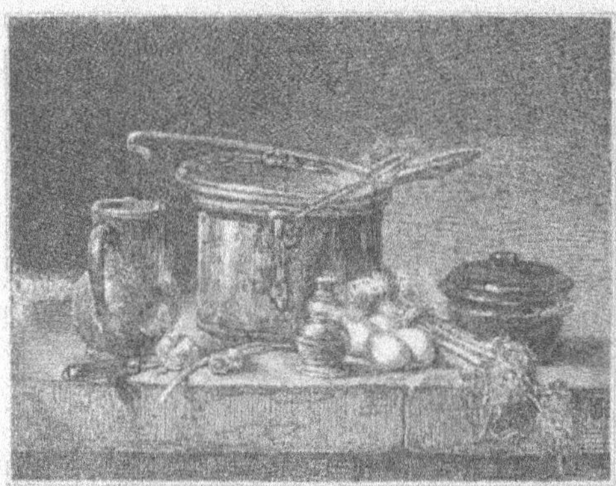

Le Chaudron, par Chardin.

gracieuses et plus tendres, et les procédés qu'il emploie pour les exprimer diffèrent par les mêmes traits de ceux qu'employait Rubens. C'est un art tout français que celui de Watteau; c'est bien le même art que celui du Poussin, mais dévêtu de tout ce qu'il avait de classique et de conventionnel dans l'apparence extérieure, adouci, rendu plus sensuel et plus féminin. Et rien ne peut nous donner une idée plus saisissante de l'esprit charmant des premières années du dix-huitième siècle, que ces adorables figures qui se promènent en souriant dans des paysages fantastiques et délicieux, vêtues de robes infiniment nuancées, aux coupes élégantes et variées.

Chacun des tableaux de Watteau est un chef-d'œuvre absolu. Toutefois, il convient de donner la préférence au plus célèbre d'entre eux, à celui qui a eu le premier l'honneur de représenter au Louvre ce maître glorieux de notre pays. Qui ne

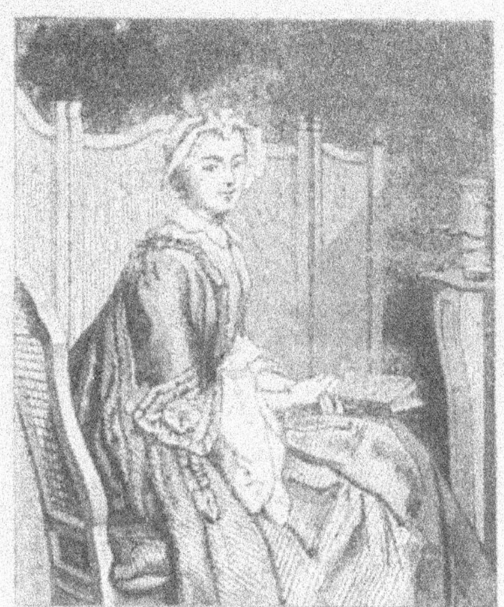

L'Instant de la méditation, par Chardin.

connaît, qui n'a vu et aimé l'*Embarquement pour Cythère* (n° 649), cette composition merveilleuse où des personnages d'une grâce fine et mondaine se groupent avec une aisance pleine de naturel? Qui ne se rappelle ce paysage extraordinaire, si réel dans sa fantaisie, si intimement uni à la scène qu'il encadre? Tout, dans ce tableau, les moindres détails des costumes, des attitudes, tout concourt à l'expression d'un sentiment général de gaîté douce et spirituelle, et ce sentiment est encore accentué par le choix du coloris, une étrange couleur rose distribuée avec une délicatesse infinie.

C'est dans la salle Lacaze qu'il faut chercher les autres tableaux de Watteau que possède notre Louvre. C'est là qu'il faut voir le grand *Gilles*, si frais et d'un mouvement si juste, avec ses merveilleuses nuances de blanc et de vert ; l'*Indifférent* et la *Finette*, ces deux prodiges d'élégance et de légèreté; l'*Assemblée dans un parc*, composition d'un charme tendre et mélancolique; l'*Escamoteur*, le *Faux pas*, l'esquisse de l'*Automne*; toutes œuvres d'une grâce immortelle, capables de rivaliser avec les chefs-d'œuvre de Watteau que contiennent le musée de Dresde et diverses collections particulières de France et d'Angleterre.

Si Watteau est le plus grand des fantaisistes de l'École française, le plus grand de ses réalistes est, incontestablement, SIMÉON CHARDIN, né à Paris en 1699. Chardin était fils d'un fabricant de billards. Il fut élève, d'abord, du peintre Nicolas Coypel, et l'on raconte qu'il surprit son maître par son habileté à reproduire les objets de la vie usuelle. Ayant à faire une enseigne pour un chirurgien, il peignit un homme blessé d'un coup d'épée et entouré d'une foule de curieux : le succès de cette peinture lui valut d'être appelé par Van Loo à décorer une galerie du château de Fontainebleau. Reçu à l'Académie en 1728, il se consacra d'abord tout entier à la peinture de natures mortes ; on raconte que c'est seulement en 1737, et à la suite d'un défi, qu'il se mit à peindre des figures, et commença la série de ces tableaux d'intérieur qui sont aujourd'hui les chefs-d'œuvre du genre. Il mourut à Paris, le 6 décembre 1779, couvert d'honneurs et de dignités; jusqu'à ses derniers jours il travailla sans relâche, s'essayant même pour la première fois,

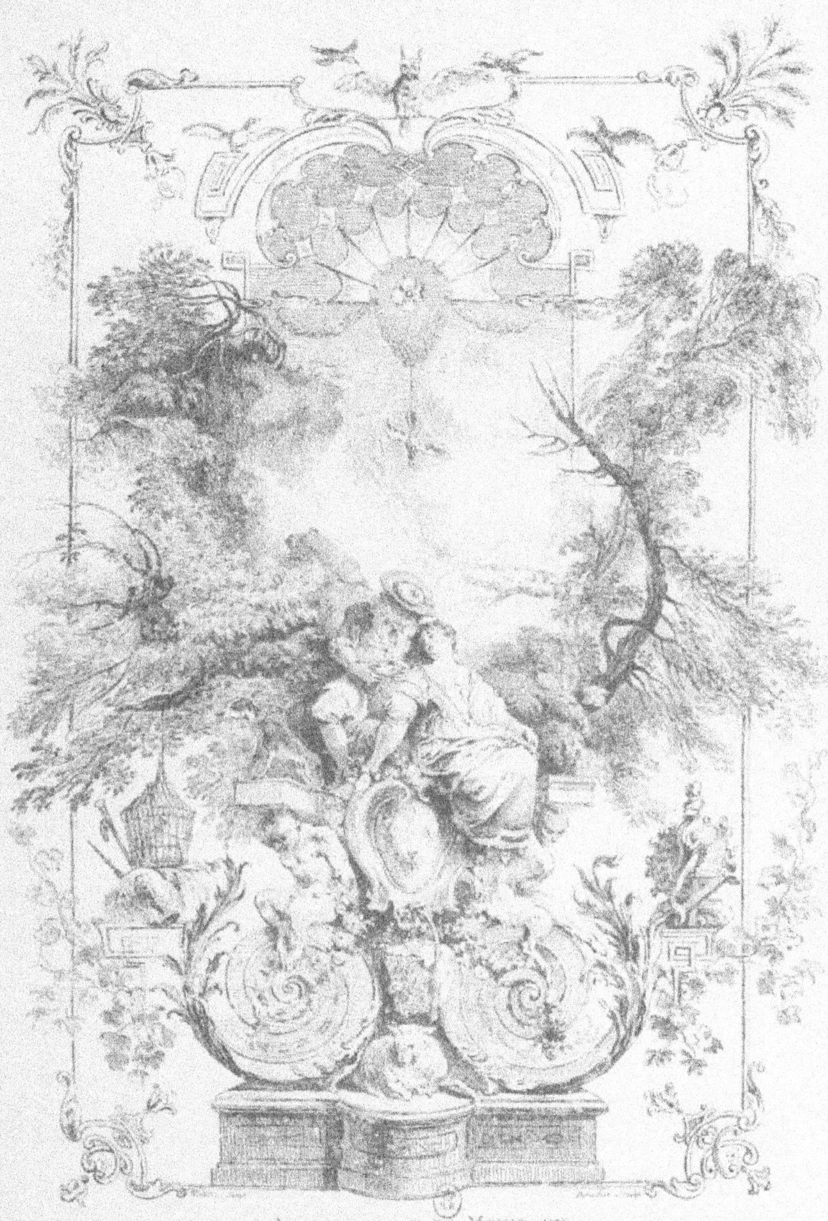

LE DÉNICHEUR DE MOINEAUX

COMPOSITION DÉCORATIVE DE WATTEAU, GRAVÉE PAR BOUCHER.

dans sa vieillesse, à des genres nouveaux, comme le portrait au pastel. Ses œuvres, dédaignées pendant près d'un siècle, ont repris aujourd'hui dans l'estime des artistes le rang qui leur convient : le premier rang.

Chardin n'est rien de plus qu'un réaliste. Jamais il ne recherche les sujets grandioses ou émouvants, comme faisaient les peintres du dix-septième siècle, ni les fantaisies délicates et compliquées, comme faisaient Watteau et la plupart de ses contemporains. Ses tableaux ne sont que des *natures mortes* ou de petites *scènes familières*, simples et sans arrangement. Mais jamais on n'a traité la nature morte avec cette vérité légère et puissante, cette intime fusion des lignes et des couleurs, cette absence de toute préoccupation étrangère. On ne saurait assez étudier ces chefs-d'œuvre de la nature morte, au Louvre, dans la salle dont ils sont l'honneur : l'ensemble vigoureux de l'*Intérieur de cuisine* (n° 96); les *Ustensiles de cuisine* (n° 102), d'une minutie pleine de simplicité; les *Ustensiles* (n° 726) et le *Panier de pêches* (n° 727), deux petits tableaux qui présentent un contraste si charmant de tons clairs et sombres. Chacun de ces tableaux diffère entièrement des autres, avec une harmonie spéciale, toujours délicate, vive, et d'une exactitude surprenante. La même vérité sans affectation, la même science extraordinaire du dessin et de la lumière, se retrouvent dans les petites scènes intimes de cette salle et de la salle La Caze : la *Mère laborieuse* (n° 98), le *Bénédicité* (n° 99), la *Pourvoyeuse* (n° 724), le *Château de cartes* (s. Lacaze). Ces peintures apparaissent dès l'abord fines et soignées comme des intérieurs hollandais; mais on aperçoit bientôt l'énorme supériorité que leur donnent leur bel ensemble, la fraîcheur discrète de leur clair coloris, leur intensité de vie et leur naturel exempt de toute exagération. Ajoutons que, de Chardin comme de Watteau, les collections particulières contiennent un grand nombre d'ouvrages admirables. Parmi les musées étrangers, seul celui de Munich mérite d'être signalé, pour une *Cuisinière assise*, qui dépasse en vigoureux naturalisme les plus célèbres chefs-d'œuvre des Dow et des Metsu.

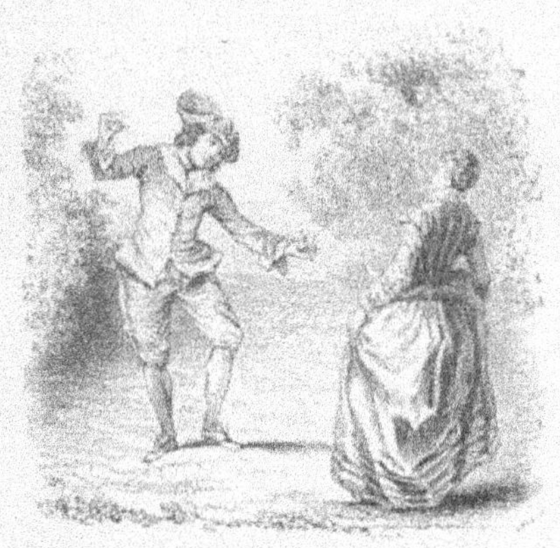

CHAPITRE II.

Les fantaisistes.

PATER, BOUCHER, LANCRET, FRAGONARD.

Watteau et Chardin sont quelque chose comme ce que sont dans l'art flamand et hollandais Rubens et Rembrandt, les maîtres originaux et parfaits, se détachant au-dessus de leurs contemporains. La France du dix-huitième siècle, a eu, comme au siècle précédent les Flandres et la Hollande, un nombre considérable de peintres habiles et charmants, qui, tout en restant très loin de ces deux maîtres, ont fait preuve de qualités d'élégance et de grâce tout à fait remarquables.

Citons d'abord les fantaisistes. Ils descendent de Watteau; mais ils remplacent de plus en plus l'intime profondeur de la fantaisie de Watteau par une préoccupation exclusive de l'esprit et de l'agrément. Les principaux sont, sans compter l'aimable LOUIS WATTEAU, neveu du peintre des *Fêtes galantes* : JEAN-BAPTISTE-JOSEPH PATER (1696-1736), de Valenciennes, l'élève direct du maître, auteur d'une charmante *Fête rustique* (n° 403) au Louvre, encore tout imprégnée de la délicatesse de Watteau; NICOLAS LANCRET, de Paris (1690-1743), élève de Gillot, artiste déjà moins original, moins varié, amusant plutôt que

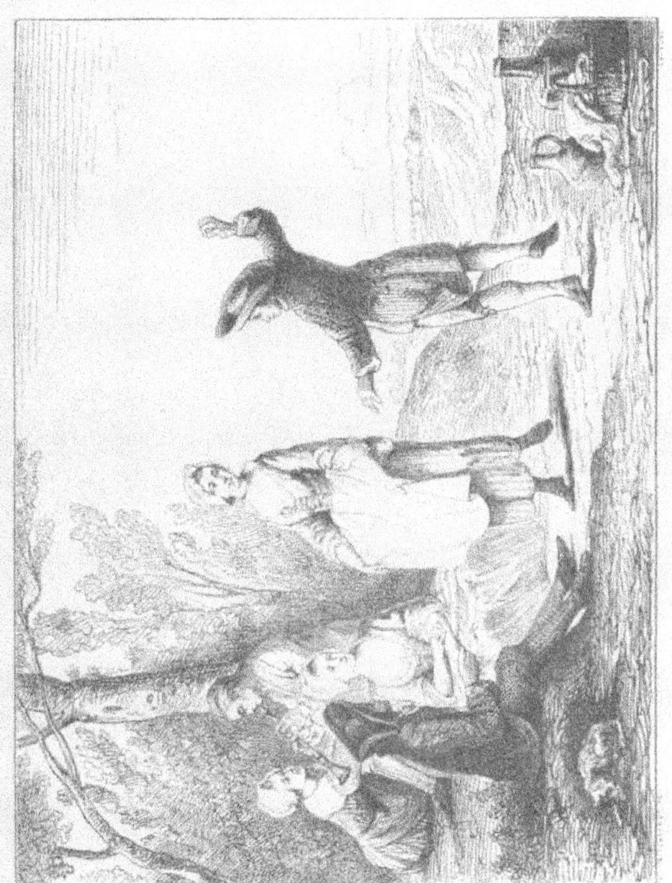

Concert champêtre, par Louis Watteau. (Musée de Lille.)

profond; enfin François Boucher, de Paris (1704-1770), le représentant le plus parfait de la dernière époque de Louis XV. Boucher est uniquement un peintre galant et mondain; il excelle à composer de petites scènes à sujets mythologiques ou allégo-

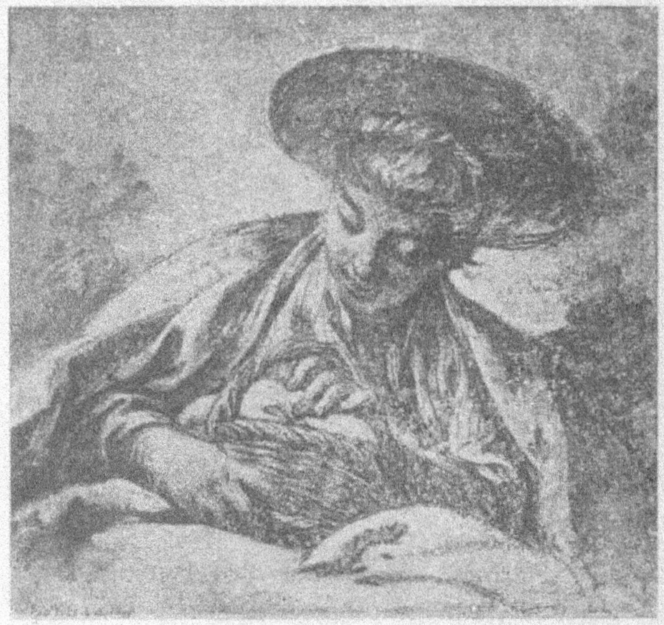

La Jardinière, par Boucher.

riques, mais dont tout le charme est dans la grâce facile et enjouée de leur agencement. Au Louvre, le célèbre *Bal* (nº 716), avec le ton rouge des chairs et la distinction légère des mouvements, les deux *Pastorales* (nºs 28 et 29), la *Vénus chez Vulcain* et le chaud *Portrait de peintre*, suffisent à donner l'idée de cet art, qui pousse jusqu'à ses dernières limites l'affectation, la sensualité, et la recherche d'effets piquants. Il faut ajouter d'ailleurs que cette peinture était destinée surtout à décorer de petits appartements, ce qui justifie son aspect de tapisserie, son coloris conventionnel, son ordonnance maniérée et toute dé-

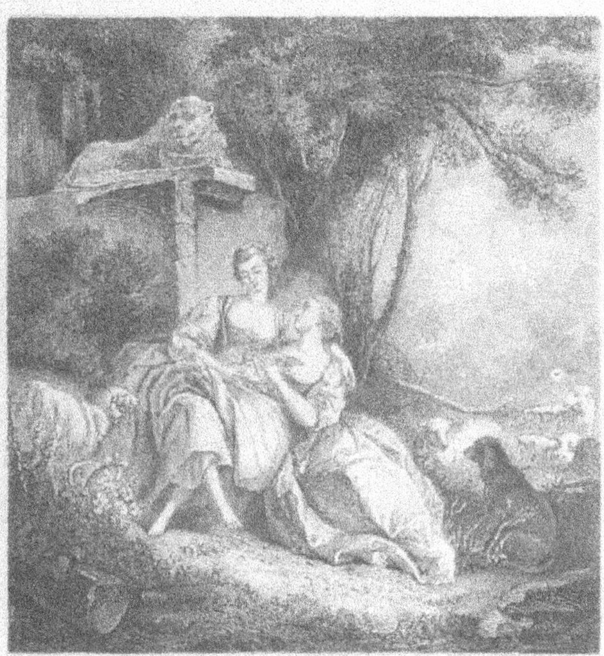

LES DEUX CONFIDENTES, PAR BOUCHER.

corative. Le musée de Tours possède l'un des chefs-d'œuvre de Boucher; le palais de Fontainebleau doit à ce peintre la décoration d'une de ses salles les plus intéressantes.

Un artiste d'une date un peu postérieure, HONORÉ FRAGONARD (1732-1806), semble avoir encore exagéré l'afféterie et la sensualité de Boucher. De sérieuses études faites chez Chardin, puis à Rome, n'ont pas atténué son goût de cet art tout de convention et d'apprêt, dont il est le dernier représentant. On lui doit, avec de nombreux petits tableaux, des centaines de gravures, quelques-unes délicates et charmantes, comme ses *vues d'Italie*, d'autres remarquables surtout par la légèreté souvent

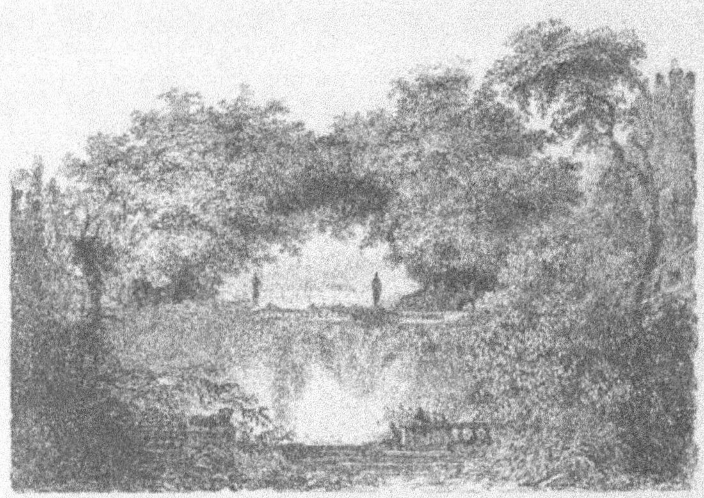

JARDINS DE LA VILLA D'ESTE.
(Fac-similé de l'eau-forte de Fragonard.)

grossière de leurs sujets. Ruiné par la Révolution, il eut le malheur de se survivre, et mena jusqu'en 1806 l'existence misérable d'un oublié. Il faut dire pourtant, en sa faveur, qu'il lui est arrivé parfois de se distinguer des autres fantaisistes par quelque chose de plus intime et de plus pénétrant, comme s'il avait essayé de retrouver le charme tout artistique de Watteau, ce charme que les successeurs du prodigieux artiste avaient transformé en un agrément de pure convention, aussi vite évanoui que senti. C'est à ces échappées du génie de Fragonard qu'il faut faire honneur de ses figures de la salle Lacaze (nos 197 et 200) et de son exquise *Leçon de Musique*, de la Salle du dix-huitième siècle (no 260), composition élégante et gaie comme celles de Boucher, mais avec un souci de la vérité, une justesse d'expression et de mouvements, que n'ont guère connus les autres successeurs de Watteau.

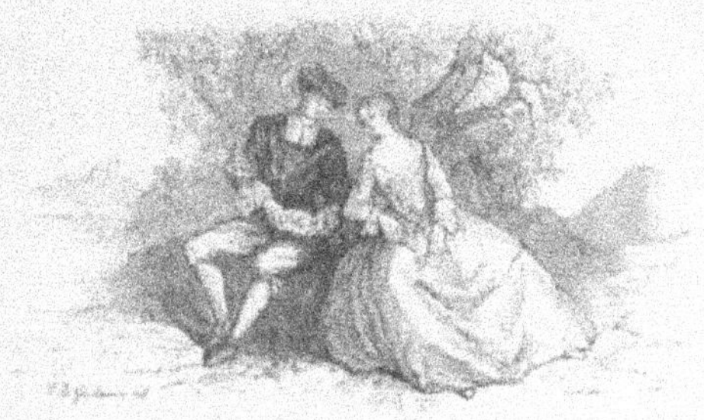

CHAPITRE III.

Les peintres de portraits.

TOCQUÉ, DROUAIS, DE TROY, CARLE VAN LOO, LA TOUR, LIOTARD.

Les portraits du dix-huitième siècle présentent le même caractère de distinction légère et spirituelle que nous avons signalé dans les ouvrages des fantaisistes. Le malheur est que le portrait est un genre qui a ses exigences très définies, et que, dans ce genre, la plus aimable distinction ne peut suppléer à l'absence de toute recherche de la vérité et de la vie. Aussi ne peut-on guère admirer que le gracieux attrait de l'ordonnance générale, les fins détails des robes et des accessoires, et l'élégance un peu apprêtée de l'expression, dans les nombreux ouvrages des portraitistes de cette époque.

Qu'il nous suffise de citer : JEAN-FRANÇOIS DE TROY (1679-1752), fils d'un peintre très estimé, et auteur lui-même de portraits qui lui valurent une renommée considérable ; JEAN-MARC NATTIER (1685-1766), le peintre du célèbre portrait de *Madame Adélaïde*, fille de Louis XV, au Louvre (nº 820), d'un charmant portrait de *Mlle de Lambese*, dans la salle Lacaze, et de divers portraits du musée de Versailles ; LOUIS TOCQUÉ (1696-1772), à qui le Louvre doit un portrait de *Marie Leczinska*, femme de

Louis XV (n° 577) et du *Dauphin, fils de Louis XV* (n° 578); les deux LAGRENÉE, LOUIS (1724-1805) et JEAN-JACQUES (1740-1821),

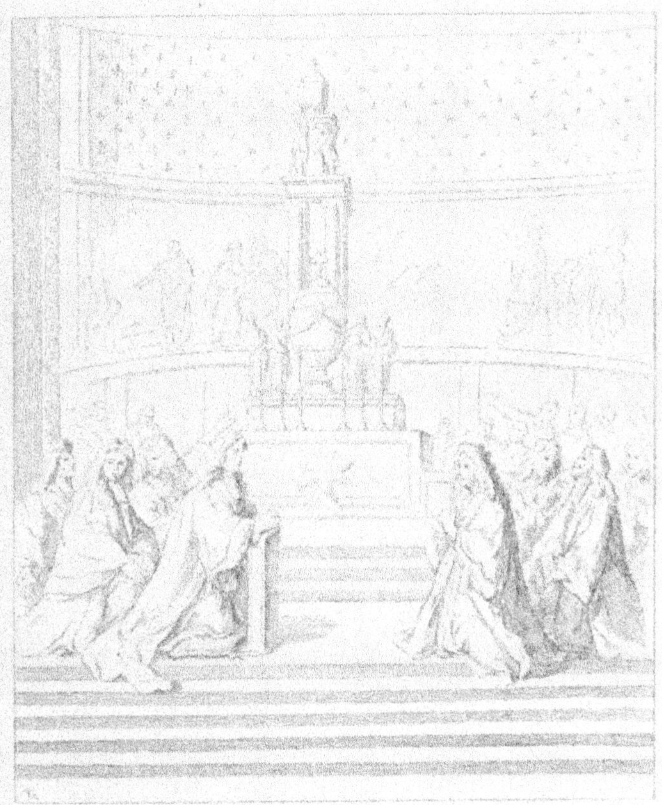

LES ÉCHEVINS AGENOUILLÉS DEVANT LA CHASSE DE SAINTE GENEVIÈVE, par François de Troy.

qui poussent trop souvent l'afféterie jusqu'à la fadeur; CARLE VAN LOO (1705-1765), le plus illustre représentant d'une dynastie de peintres médiocres, auteur de compositions prétentieuses et maniérées, et de portraits assez remarquables, notamment celui de *Marie Leczinska*, au Louvre (330); enfin

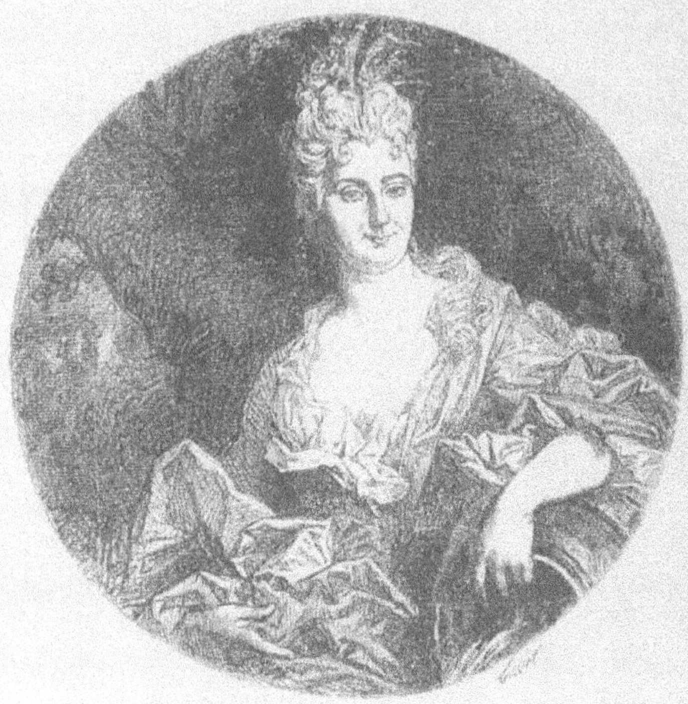

La Duchesse de Phalaris, par Jean-François de Troy.

François-Hubert Drouais (1727-1775), le plus intéressant de ces portraitistes, le seul qui, à défaut d'observation profonde et de forte vie, ait su mettre dans ses portraits une grâce et une mièvrerie vraiment originales. Le portrait du petit *Comte d'Artois et de sa sœur* (nº 187), au Louvre, est le chef-d'œuvre de Drouais : l'enfantillage apprêté de la composition, la

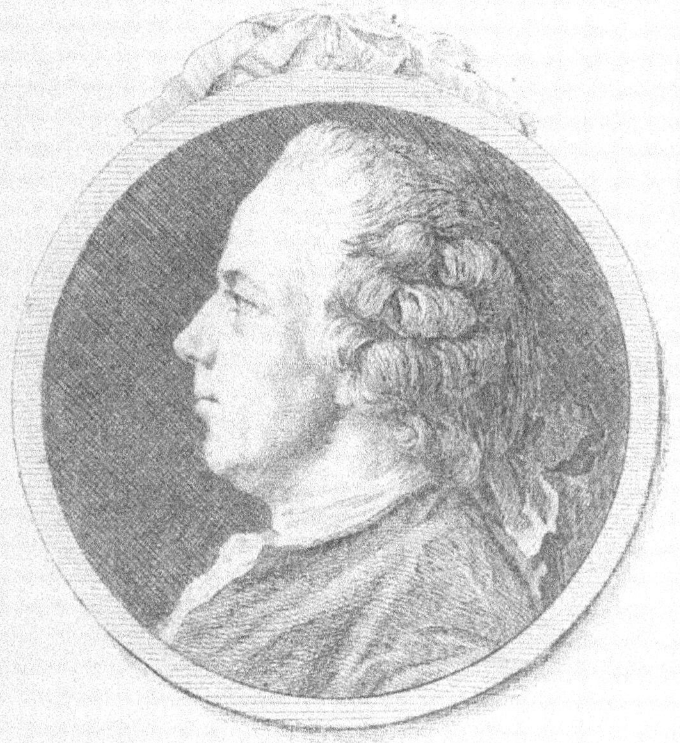

Jean-Jacques Caffieri, par Cochin.

piquante expression des figures, en font l'un des ouvrages les plus caractéristiques du goût et de l'esprit de la seconde moitié du dix-huitième siècle.

Bien au-dessus de ces portraitistes de second ordre, il faut ranger deux maitres qui se sont presque exclusivement consacrés au *pastel*, mais qui ont fait produire à ce genre délicat

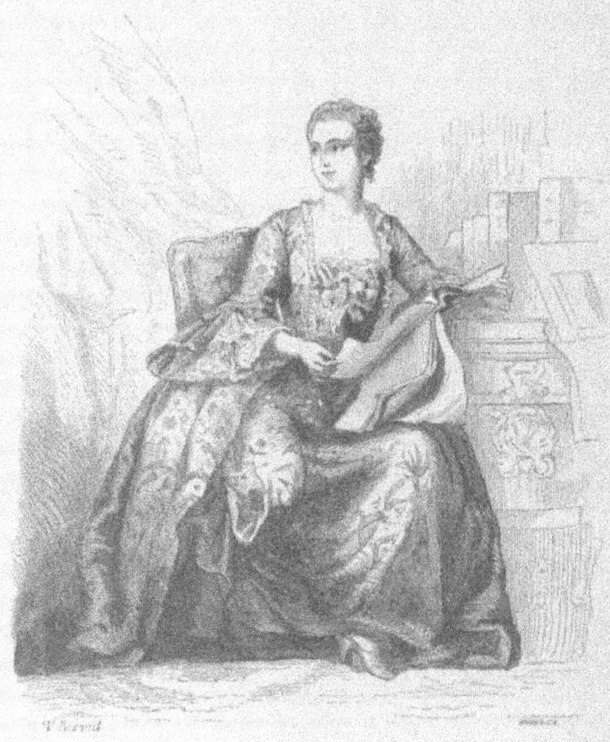

MADAME DE POMPADOUR, PAR DE LA TOUR.

quelques-uns de ses chefs-d'œuvre : QUANTIN DE LA TOUR, de Saint-Quentin (1704-1788), auteur de merveilleux portraits dont s'enorgueillissent notre Louvre et le musée municipal de Saint-Quentin ; et le Suisse LIOTARD (1702-1776), auteur, lui aussi, de

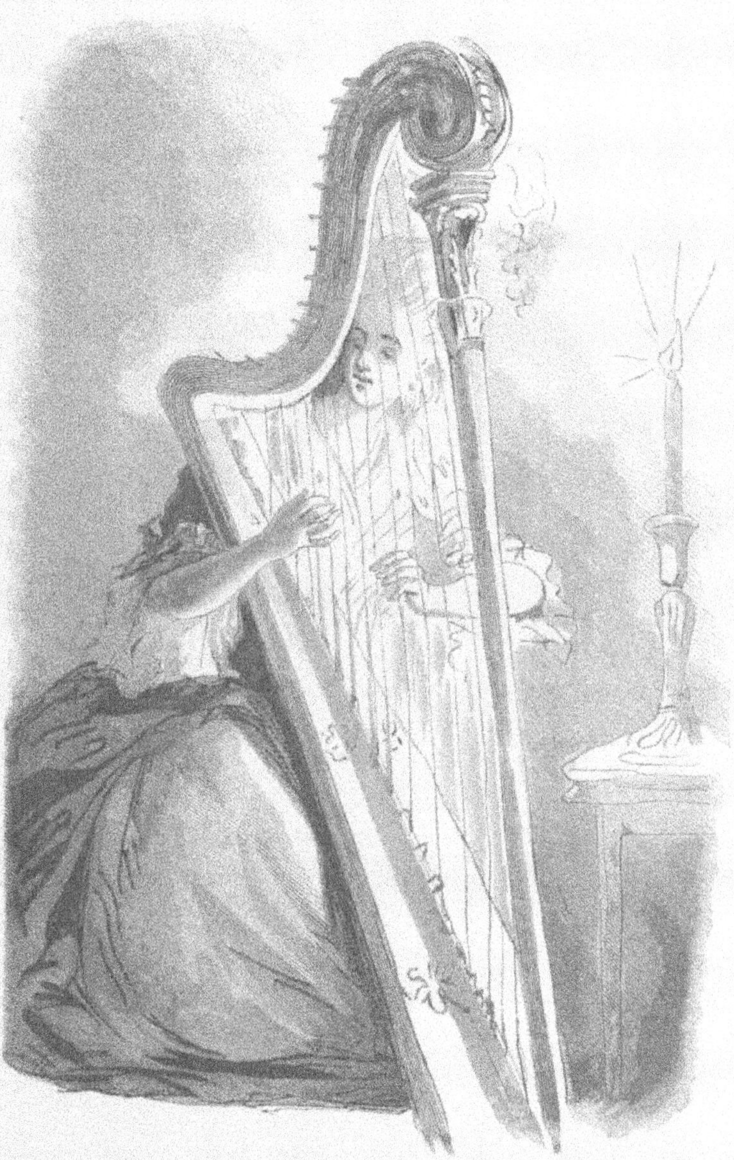

Jeune Femme jouant de la harpe; dessin d'Augustin de Saint-Aubin.

pastels charmants, parmi lesquels la *Chocolatière*, du musée

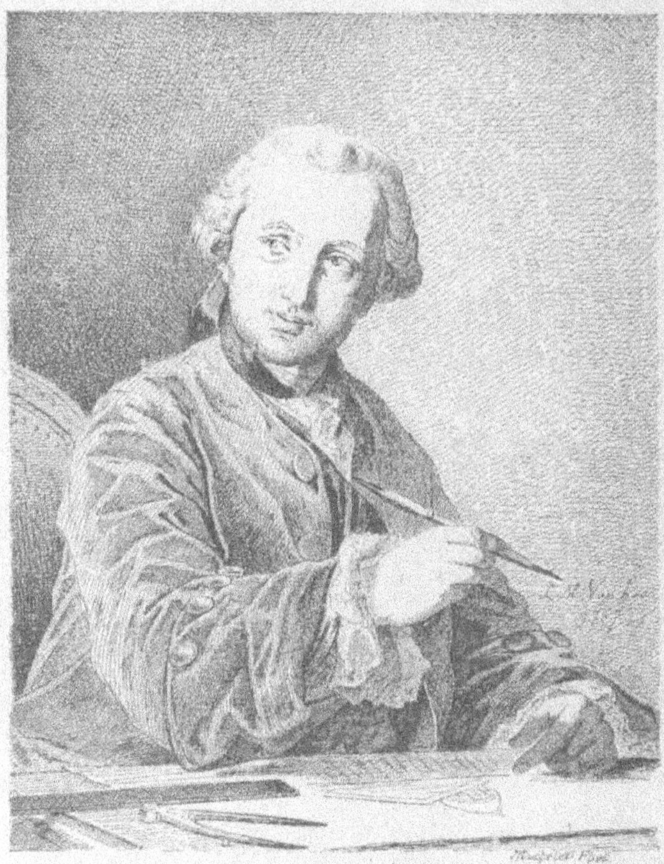

PORTRAIT DE SOUFFLOT, PAR L.-M. VAN LOO.
(Musée du Louvre.)

de Dresde, occupe à juste titre la première place. La Tour est un maître véritable : bien supérieur à l'afféterie de son temps;

il observe et rend la vie de ses modèles avec un bonheur surpre-

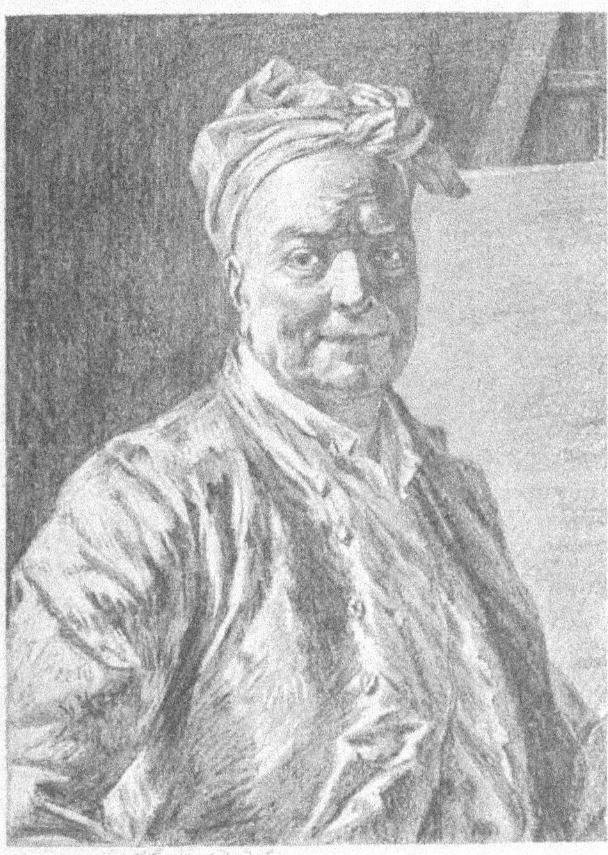

Portrait du peintre Sylvestre, par de La Tour.
(Pastel du musée de Saint-Quentin.)

nant. Liotard, sans avoir la même maîtrise de pénétration et de rendu, est, lui aussi, un grand artiste : il a un dessin d'une sûreté et d'une légèreté incomparables, et il y joint quelque chose de fin et de gracieux qui fait songer à Watteau.

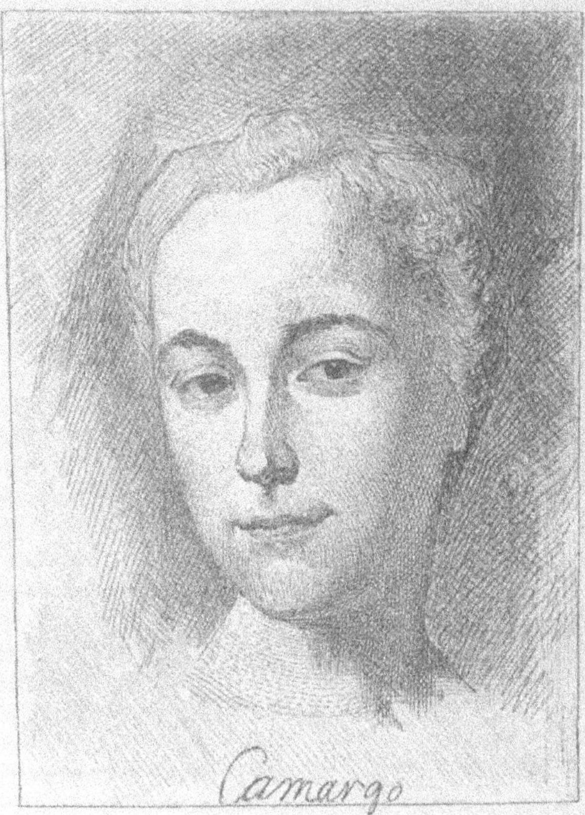

LA CAMARGO, PAR DE LA TOUR.
(Pastel du musée de Saint-Quentin.)

Le pastel est d'ailleurs un genre que les peintres du dix-huitième siècle ont vivement goûté, et qui devait convenir, par la délicatesse de ses effets, au goût raffiné de ce temps. Nous avons eu l'occasion de dire, déjà, que Chardin, dans les dernières années de sa vie, avait peint au pastel : le pastel lui doit d'incomparables portraits, supérieurs même à ceux de La

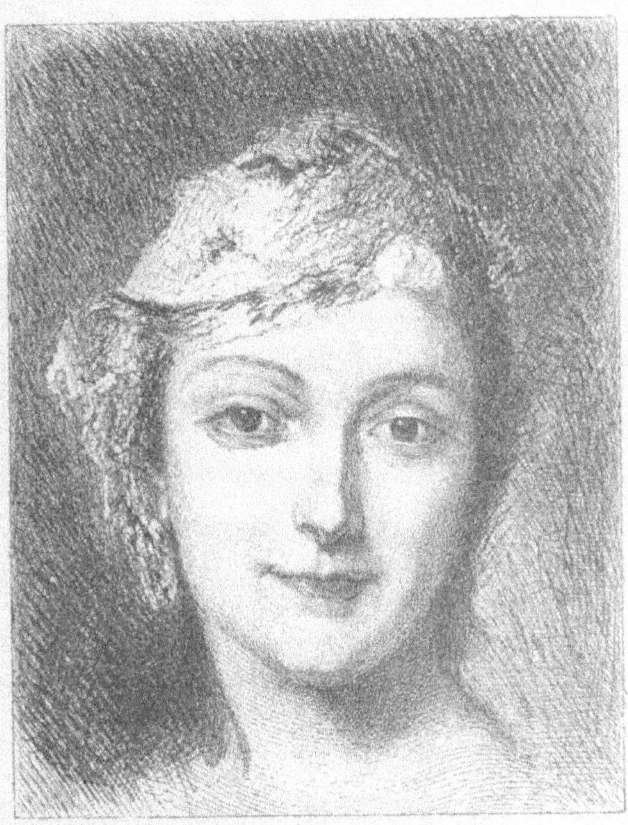

Mademoiselle Fel, par de La Tour.
(Pastel du musée de Saint-Quentin.)

Tour. En même temps, une Vénitienne, la Rosalba Carriera (1675-1757), acquérait à Paris et dans toute l'Europe une réputation énorme, par la grâce et l'enjouement qu'elle savait mettre dans ses portraits au pastel. Le musée de Dresde peut seul nous faire bien apprécier le talent agréable et varié de cette artiste, talent qui reste cependant bien au-dessous de ceux de Chardin, de La Tour, et de Liotard.

A côté de portraitistes de l'huile et du pastel, citons enfin les grands graveurs du dix-huitième siècle, les Cochin, les Saint-Aubin, les Moreau, qui nous ont laissé de nombreux chefs-d'œuvre en tous genres, mais surtout de solides et élégants portraits, comparables souvent à ceux de Mellan, de Nanteuil, et des maîtres graveurs du siècle précédent.

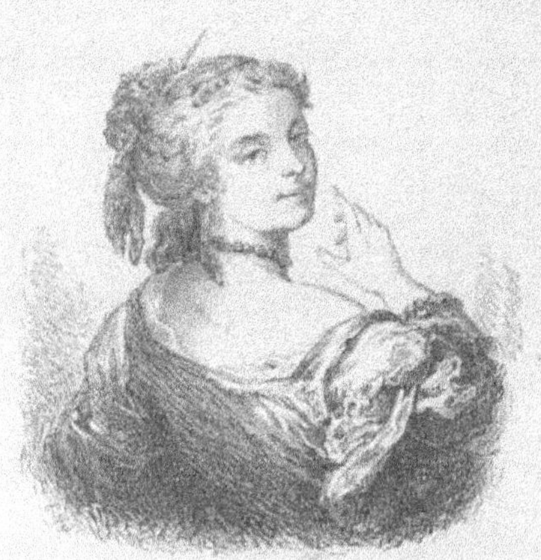

CHAPITRE IV.

Les peintres d'animaux, les peintres de paysage et de marine, les peintres de genre.

DESPORTES, OUDRY, VALENCIENNES, JOSEPH VERNET, GREUZE.

Deux peintres très habiles, le Champenois François Desportes (1661-1743) et le Parisien Jean-Baptiste Oudry (1686-1755), se sont consacrés à la représentation des chasses, des animaux domestiques, et en général de tous les sujets qu'avaient traités en Belgique, au siècle précédent, les Snyders et les Fyt.

Desportes, qui eut l'honneur d'accompagner dans toutes ses chasses le vieux roi Louis XIV, et qui jouit à son époque d'une énorme célébrité, est encore un peintre du grand siècle. Il met dans ses ouvrages quelque chose de noble et de grandiose, sans rien sacrifier pourtant de l'étude consciencieuse de la nature. Oudry, qui fut le peintre officiel des chasses de Louis XV et devint dans ses dernières années surintendant de la manufacture des Gobelins, se rattache déjà plus manifestement à la tendance toute réaliste de son temps. Ses peintures dénotent un plus grand souci des détails, une science plus subtile et un naturalisme plus scrupuleux. On peut d'ailleurs trouver au Louvre, où les chefs-d'œuvre de Desportes et d'Oudry sont exposés côte à côte, plus d'un exemple saisissant de la diversité de ces deux maîtres. Que l'on compare le célèbre *Portrait* (n° 162) où Desportes s'est représenté solennellement entouré de ses chiens, et l'adorable *Chien à la jatte* d'Oudry (n° 391), peinture élégante, pleine de relief et de lumière, avec une délicatesse de vie qui fait songer à Chardin. Et quelle différence de nature et de manière dans les deux *Chasses au loup*, l'une, celle de Desportes (n° 164), d'une composition si sagement équilibrée, l'autre, celle d'Oudry (n° 387), si mouvementée et si naturelle!

Le paysage, qui avait produit au dix-septième siècle, avec Poussin et le Lorrain, d'incomparables chefs-d'œuvre, ne semble pas avoir été très goûté des peintres du siècle suivant. Nous avons signalé déjà les décors délicieux où Watteau et ses successeurs plaçaient leurs scènes fantaisistes : mais ces décors eux-mêmes sont tout de fantaisie, et l'on ne saurait leur donner le nom de paysages. En réalité le dix-huitième siècle n'a eu que deux paysagistes : Pierre Henri Valenciennes, de Toulouse (1750-1819), artiste froid et sans élégance, mais nourri de l'étude des maîtres classiques, et qui eut le mérite de former tous les paysagistes du temps de l'Empire ; et le célèbre peintre de marines Joseph Vernet (1714-1789), qui fut chargé par Louis XV de peindre tous les ports de la France. Dans ces grands tableaux, aujourd'hui exposés au Louvre, comme dans ses innombrables *Clairs de lune*, *Coups de vent*, *Brouillards*, *Calmes*, *Heures du jour*, etc., Joseph Vernet témoigne d'une louable préoccupation de la simplicité naturelle : mais il ne parvient pas à éviter complètement le maniérisme et l'affectation, et ses marines sont aussi apprêtées dans leur simplicité, que les tableaux de Boucher dans leur mièvrerie. Ajoutons que les détails les plus charmants sont trop souvent gâtés, chez

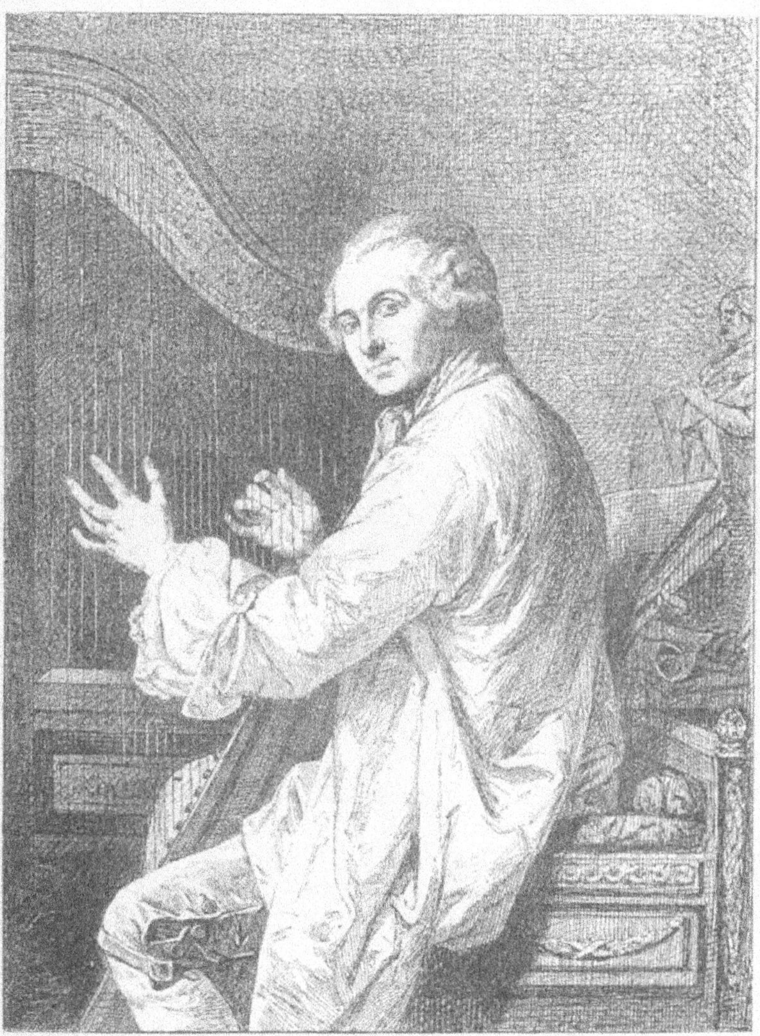

Lalive de Jully, par Greuze.

lui, par un coloris lourd et monotone. Il suffit d'ailleurs de comparer successivement Joseph Vernet à Claude le Lorrain

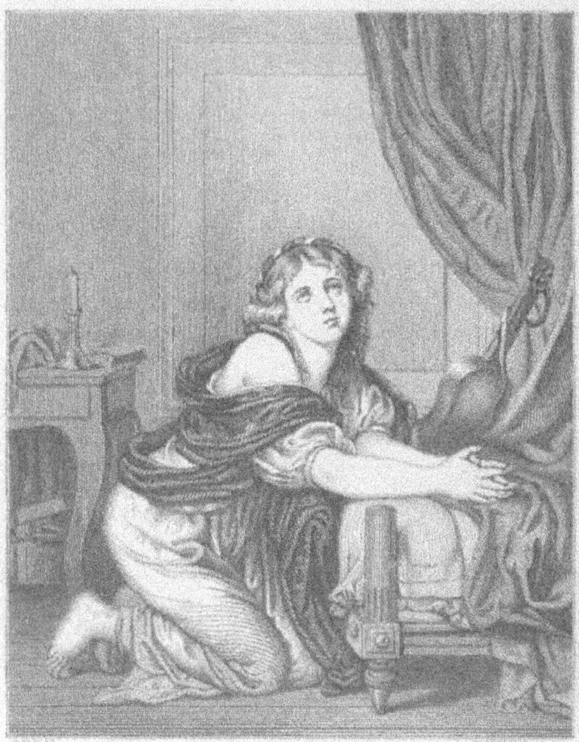

LA PRIÈRE DU MATIN, PAR GREUZE.

et à Ruysdaël pour comprendre combien il est loin de l'harmonieuse fantaisie de l'un et de la robuste vérité de l'autre.

Il y a eu au dix-huitième siècle un peintre, JEAN-BAPTISTE GREUZE (1725-1805), qui est constamment resté en dehors du mouvement de son temps. En opposition avec le caractère in-

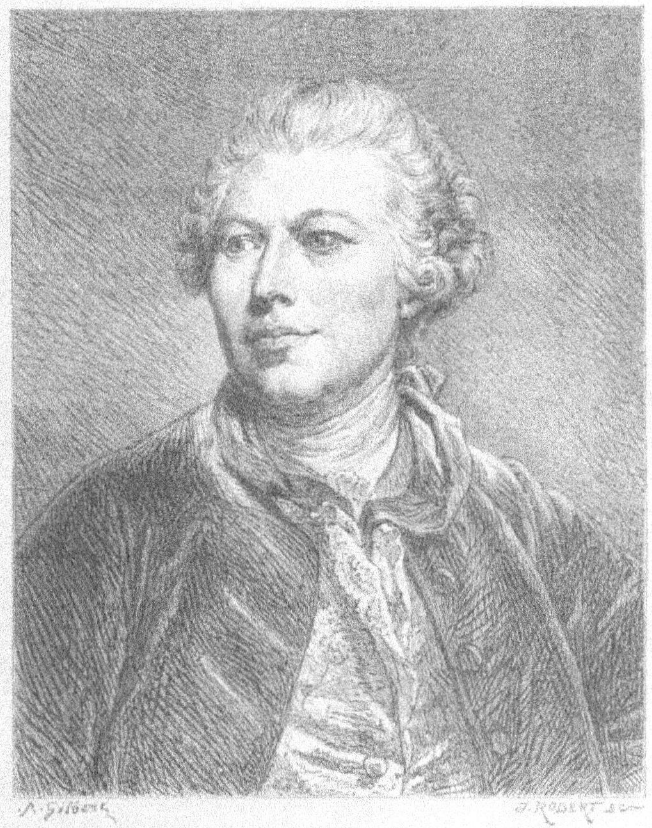

PORTRAIT DE WILLE, PAR GREUZE.

souciant et frivole de la peinture des fantaisistes successeurs de Watteau, Greuze a représenté les scènes de la vie familière. Mais il ne faut pas attendre de lui le réalisme sobre et discret qu'ont su mettre dans les sujets de ce genre les peintres hollandais et leur grand continuateur Chardin. Les compositions de Greuze offrent le plus souvent une recherche exagérée d'expressions sentimentales, un mélange choquant de vulgarité et de prétention, et l'effet en est encore rendu plus déplaisant par un coloris uniforme d'un gris savonneux. Parfois cependant Greuze a trouvé des figures d'une grâce simple et enfantine, conventionnelle encore, mais vraiment exquise. Au Louvre, la célèbre jeune fille à la *Cruche cassée* (n° 263) peut être considérée comme le type de ce que la manière de Greuze a de charmant et d'original. Dans l'*Accordée du village* (n° 260), la mère et les deux filles forment un groupe des plus agréables. D'autres tableaux non moins célèbres, dans des collections particulières, la *Petite dormeuse*, la *Prière du matin*, la *Pelotonneuse*, l'*Innocence*, l'*Oiseau mort*, et quelques portraits assez vigoureux, donnent également du talent de Greuze l'idée la plus favorable. Tous les défauts du peintre se retrouvent au contraire dans ses grandes compositions : la *Malédiction paternelle* (Louvre n° 261), le *Fils puni* (n° 262), etc., tant vantées au moment de leur première apparition.

Greuze est né à Tournus, près de Mâcon. Venu de bonne heure à Paris, il fit en 1755 le voyage d'Italie; mais l'exemple des maîtres de la Renaissance ne semble pas lui avoir donné le goût des compositions historiques, car plutôt que d'exécuter un tableau de ce genre, il consentit à se faire rayer de la liste de l'Académie, où sa candidature avait été agréée. L'admiration enthousiaste de Diderot, qui essayait vers le même temps de porter au théâtre les sujets bourgeois que Greuze introduisait dans la peinture, doit avoir fortement contribué à enfermer dans cette voie exclusive le peintre bourguignon. A soixante-quinze ans, Greuze, ruiné par des faillites, oublié, comme Fragonard, des générations nouvelles, s'éteignit dans la misère, après avoir été l'un des peintres les plus riches et les plus célèbres de son temps.

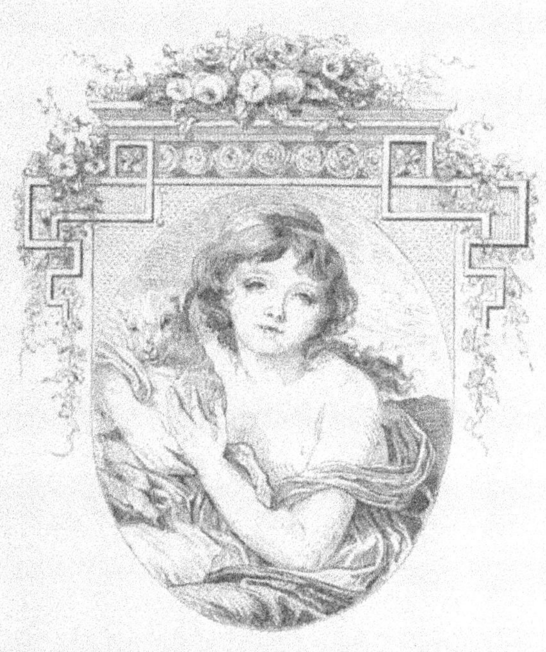

CHAPITRE V.

La peinture d'histoire.

VIEN.

Greuze, nous l'avons dit, n'avait été qu'une exception dans l'art du dix-huitième siècle. Le goût public allait toujours vers les fantaisies des successeurs de Boucher, et ce genre tout artificiel, exercé par des peintres sans talent, était tombé dans une vulgarité fade et maniérée que rendait encore plus sensible le caractère lâché de la facture. Une révolution s'imposait dans la peinture française. Cette révolution artistique coïncida à peu près avec la grande Révolution sociale et politique. Elle trouva son précurseur dans un peintre qui fut, à l'égard de l'école nouvelle, ce que Simon Vouet avait été pour l'école classique du dix-septième siècle : JOSEPH VIEN.

Né à Montpellier en 1716, Vien ne resta guère à Paris que le temps de conquérir le prix de Rome. En 1744 il s'établit en Italie, où il resta jusqu'en 1750, et où il revint se fixer, en qualité de Directeur de l'Académie française de Rome, en 1775. En 1789, la Révolution le contraignit à revenir à Paris ; il continua à peindre, remporta le prix en 1796, dans un concours ouvert par le gouvernement, fut nommé en 1799 membre du Sénat, puis comte de l'Empire et commandeur de la

Légion d'honneur. Il mourut en 1809, à 93 ans. Mais la vérita-

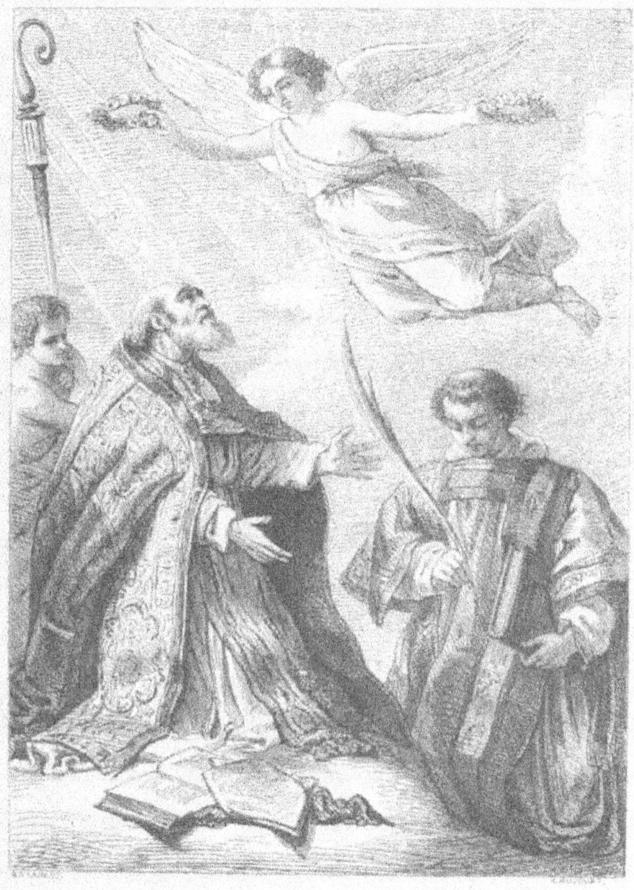

Saint Germain l'Auxerrois et Saint Vincent, par Vien.
(Musée du Louvre.)

ble influence de Vien date de son séjour à Rome, et de la direction qu'il a imprimée aux pensionnaires de l'École française.

Dégoûté de la mollesse prétentieuse de l'art de son temps, et instruit par l'exemple des maîtres de l'Italie, Vien avait résolu de réformer la peinture française, en la rappelant au souci de la vérité et de la noblesse classique. Son admirable tableau du Louvre, *Saint Germain et Saint Vincent* (n° 634), nous fait voir de suite l'originalité de Vien parmi les peintres du dix-huitième siècle. Dans les gestes nobles et graves des deux saints, dans la grâce sereine des anges, dans le choix d'un coloris vigoureux et franc, nous sentons une réaction contre la langueur efféminée de l'art contemporain. Nous y trouvons la marque d'un retour, sinon à l'antiquité, dont Vien et ses successeurs eurent toujours la prétention de se rapprocher, du moins à la manière classique de Le Sueur. Et déjà nous voyons la noblesse générale de la composition s'accompagner d'une raideur exagérée, qui va être le défaut commun à tous les successeurs du maître de Montpellier.

« Je n'ai fait qu'entr'ouvrir la porte, disait Vien, c'est M. David qui l'a ouverte toute grande. » C'est en effet l'élève de Vien à Paris et à Rome, le futur conventionnel Louis David, qui a eu vraiment le mérite de renouveler la peinture française et d'y ramener le souci de la pure beauté. Dans la salle du Louvre où est exposé le *Saint Germain* de Vien se trouve précisément une œuvre de jeunesse de David, presque une peinture d'élève, le *Combat de Minerve contre Mars* (n° 153). David y apparaît déjà comme un révolutionnaire de l'art. Sous un coloris encore fade et affecté, à la façon de Boucher, les formes sont dessinées avec une vigueur toute nouvelle et même avec un excès de vigueur qui va jusqu'à leur donner un aspect un peu raide. Nous verrons au chapitre suivant comment David a poursuivi cette lutte contre les tendances artistiques du dix-huitième siècle.

CHAPITRE VI.

La peinture française à la fin du dix-huitième et au commencement du dix-neuvième siècle.

DAVID.

Nous avons indiqué les raisons excellentes qui avaient porté Vien et son illustre successeur David à remplacer l'art efféminé et amolli des derniers peintres du dix-huitième siècle par un art plus viril. Mais si les intentions qui ont inspiré cette réforme étaient louables, la méthode adoptée pour les réaliser était loin d'avoir la même valeur. Cette méthode consistait, en principe, dans un retour pur et simple à l'art de l'antiquité; en réalité, elle consistait à prendre certaines formes convenues, nobles et imposantes, il est vrai, mais qui n'avaient rien de la vérité et de la grâce anciennes, et qui étaient empruntées plutôt aux froides statues de l'époque romaine. On comprend aisément les inconvénients d'une telle méthode. Raphaël et ses rivaux, plus tard Poussin, se sont inspirés, eux aussi, de l'antiquité; mais ils ont compris que l'art changeait avec les siècles, et qu'il fallait transformer à ce point de vue la manière antique pour l'approprier aux exigences du goût moderne. David et son école se sont imaginé, au contraire, que l'on pouvait transporter directement l'art d'un temps et d'un pays dans un autre temps et un autre pays. Il en est résulté, chez eux, une composition générale froide et archaïque, un emploi de formes

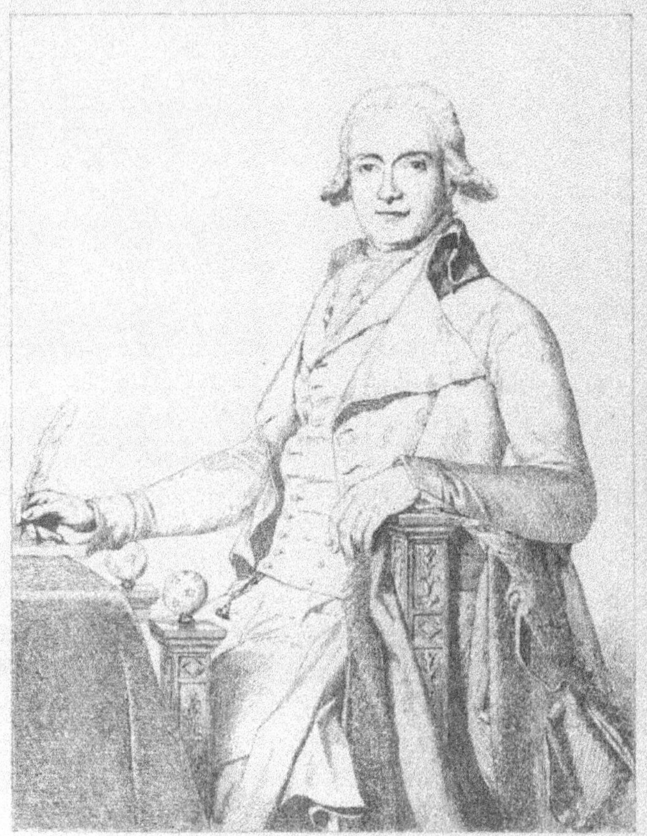

MEYER, ENVOYÉ DES PROVINCES-UNIES, PAR LOUIS DAVID.

sculpturales, nobles et parfaites, mais nécessairement dénuées de la vie mouvementée et active qui convient à la peinture.

Cette impression de vie est ce qui manque le plus dans la plu-

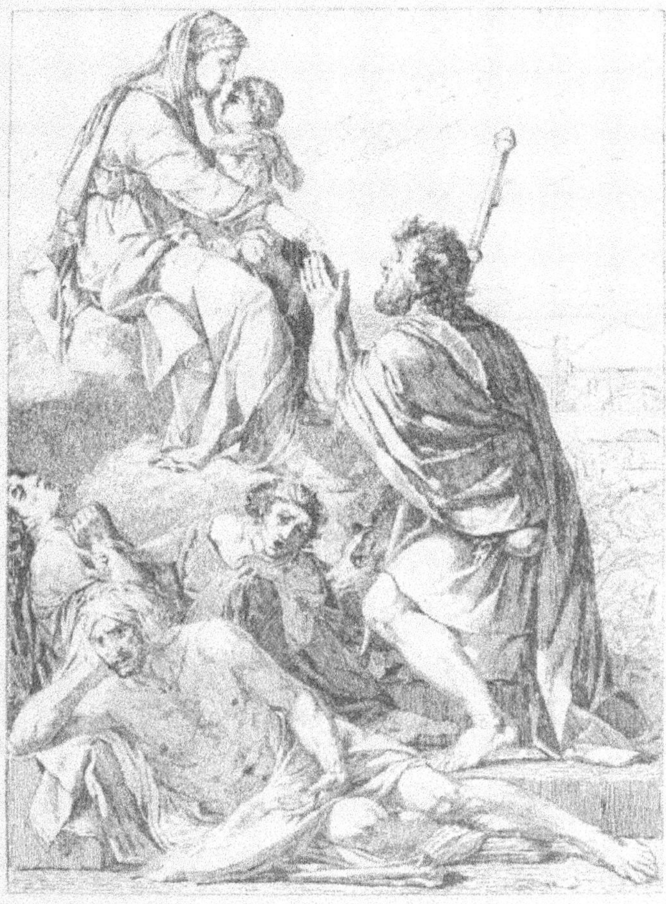

La Peste de saint Roch, par Louis David.

part des ouvrages de David et de ses successeurs. Il leur manque aussi l'harmonieuse fraicheur du coloris, dont les statues

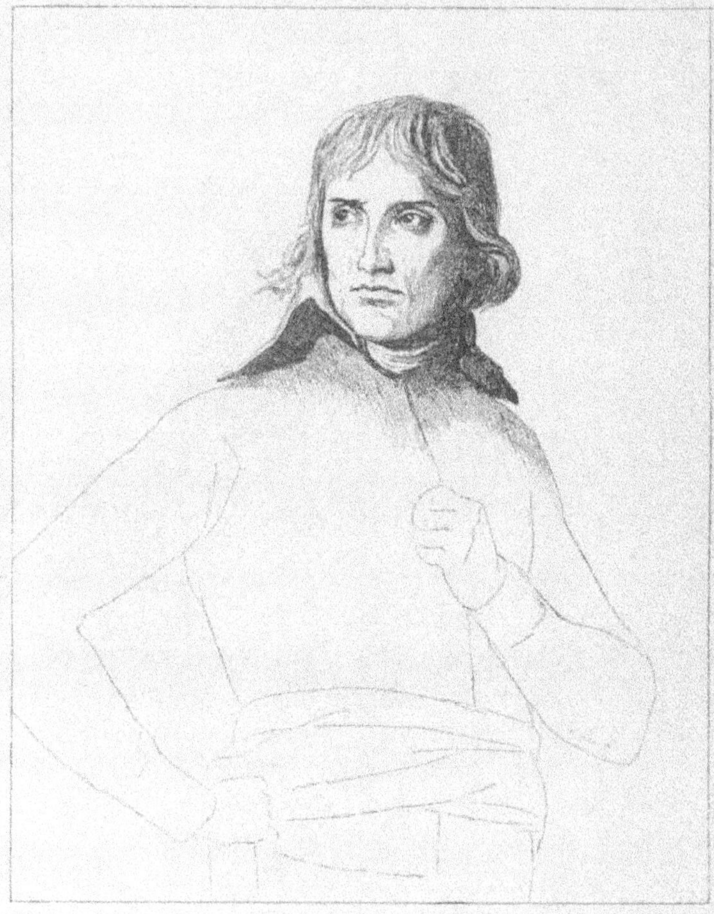

Bonaparte, esquisse de Louis David.

antiques ne pouvaient guère donner l'exemple, et qui est trop souvent remplacée dans l'école que nous étudions par une

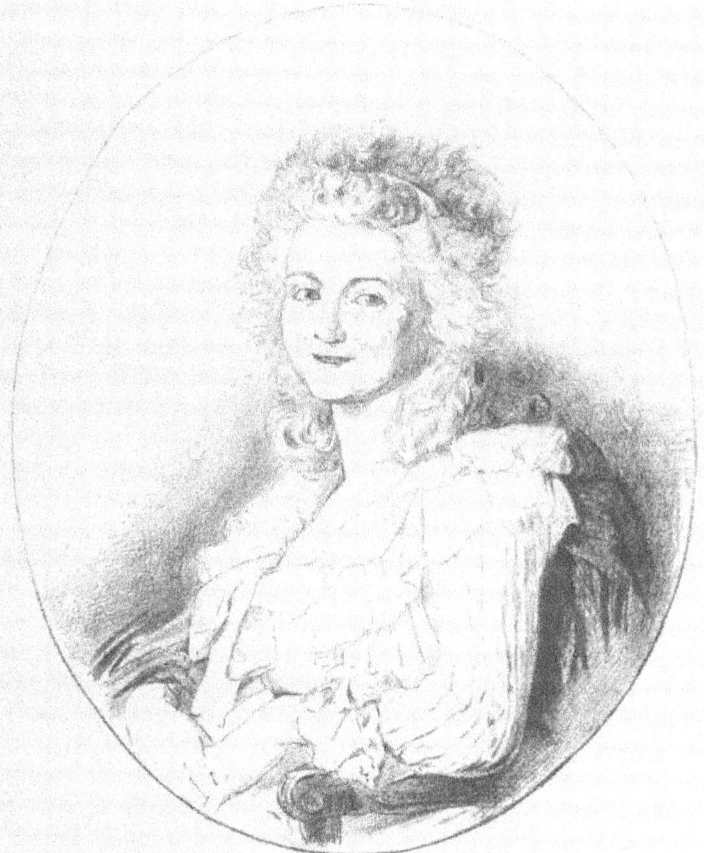

Portrait de Mademoiselle Jolly, par Louis David.
(Musée de la Comédie française.)

tonalité sombre uniforme ou bien par un accouplement criard de couleurs vives.

Ces défauts étaient tempérés, chez David lui-même, par d'incomparables qualités, qui font de lui, malgré tout, un des maîtres les plus éminents de la peinture de notre pays. Mais autant David est resté un grand artiste lorsqu'il s'est abandonné à sa nature, autant les compositions qu'il a exécutées d'après ses théories sont froides et inanimées. Tel est malheureusement le cas pour deux de ses plus célèbres ouvrages, tous deux au Louvre, l'*Enlèvement des Sabines*, ou plus justement *les Sabines se jetant au milieu de la mêlée des Romains et des Sabins* (n° 149), et *Léonidas aux Thermopyles* (n° 148). David conçut l'idée de son *Enlèvement des Sabines* pendant sa longue détention au Luxembourg, où il avait été incarcéré avec les principaux Montagnards de la Convention, après le 15 thermidor. La composition est très ample, et on voit bien que l'auteur a voulu la faire paraître mouvementée; mais chacun des personnages est traité avec une telle préoccupation de la noblesse des formes et des attitudes, que, dans son ensemble, l'œuvre semble figée et convenue. Il y a cependant une foule de détails charmants. Chacune des figures, considérée à part, est pleine de grandeur et de vérité ; le groupe entier des femmes et des enfants, au milieu du tableau, présente un gracieux assemblage de formes d'une admirable pureté. Dans le *Léonidas*, le même manque absolu de simplicité est rendu plus sensible encore par l'uniformité du coloris.

A quoi bon nommer tant d'autres compositions jadis célèbres, toutes recommandables d'ailleurs par l'élévation de l'idée et la grandeur de l'ordonnance, mais toutes gâtées par une emphase souvent ridicule : les *Licteurs rapportant le corps du jeune Brutus*, le *Serment des Horaces*, ce modèle de raideur pesante et glacée, la *Peste de saint Roch*, etc.? Mentionnons

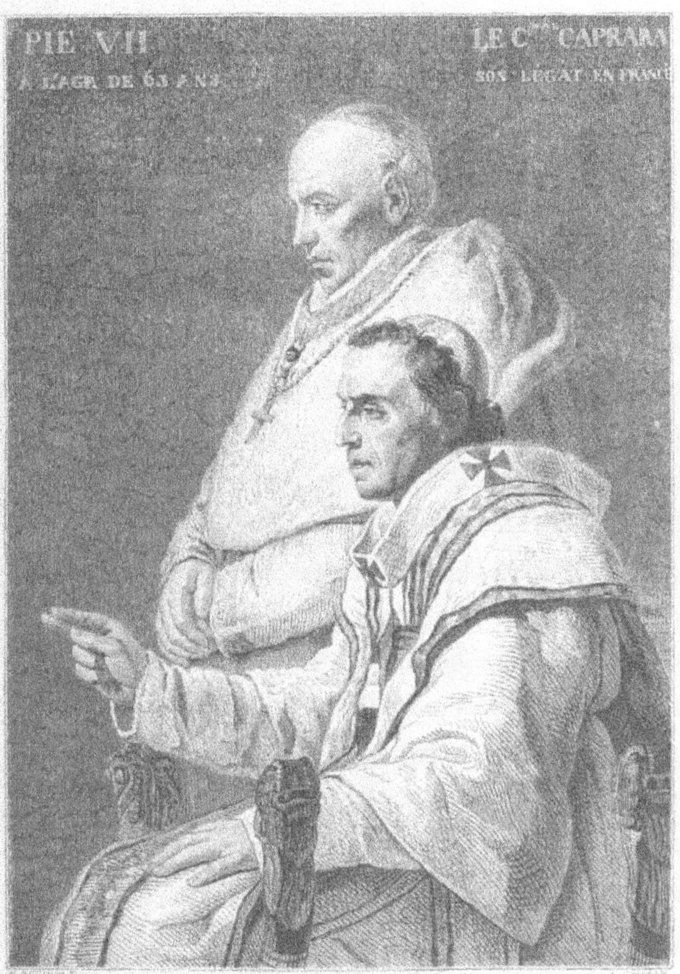

PIE VII ET LE CARDINAL CAPRARA, PAR LOUIS DAVID.
(Fragment de son tableau *le Couronnement*. — Musée du Louvre.)

plutôt quelques tableaux où David, cessant d'être chef d'école et théoricien, n'a cherché qu'à déployer son extraordinaire

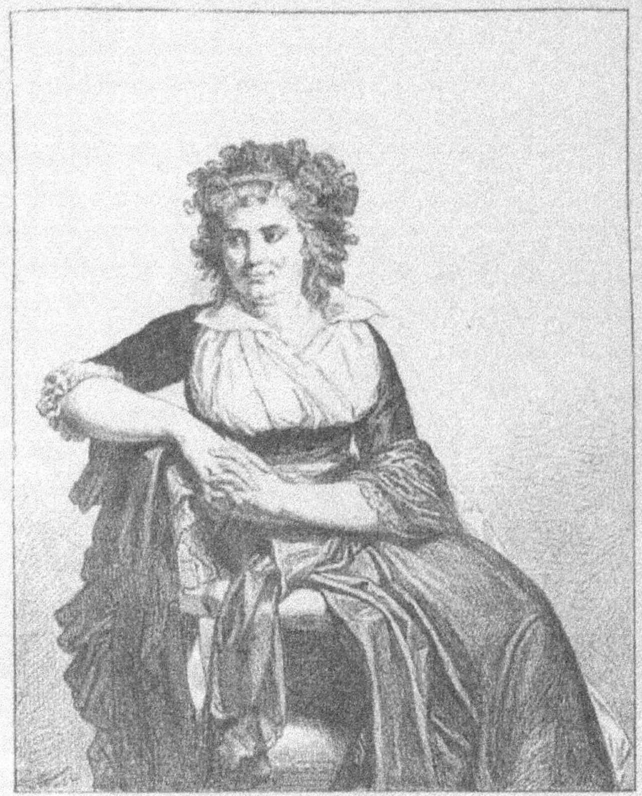

MADAME D'ORVILLIERS, PAR LOUIS DAVID.

génie d'observation, ou l'harmonieux sentiment qu'il avait de la beauté des lignes. A ce dernier point de vue, rien n'égale son adorable *Pâris et Hélène*, du Louvre (n°154), composition d'une

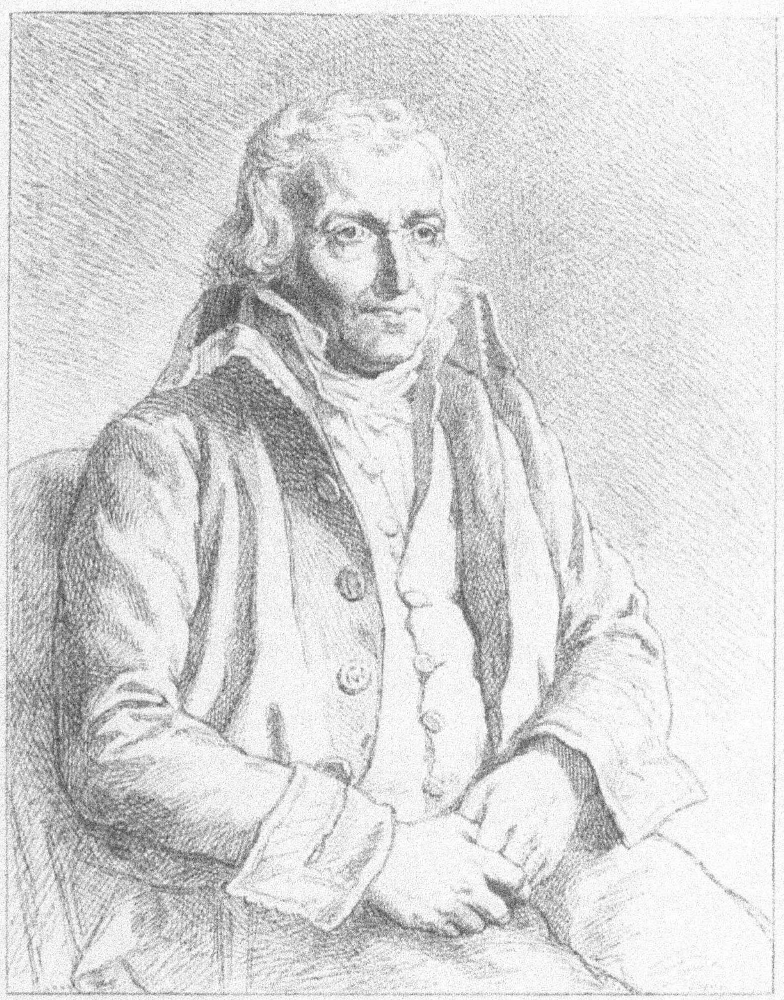

Portrait de Fuzelier, par Louis David.

afféterie délicieuse, toute en lignes souples, en couleurs légères. Dans un genre plus réaliste, le *Marat assassiné dans sa baignoire*, l'esquisse pour le *Serment du Jeu de Paume*, le *Couronnement de Napoléon Ier*, sont des chefs-d'œuvre qu'on ne saurait trop vanter. Ce dernier tableau est même un miracle de couleur et de lumière : personne, depuis le Véronèse et Rubens, n'a su faire vibrer des tons aussi chauds avec une telle ampleur et tant d'harmonie.

Mais il est un genre où David s'est toujours montré inimitable : le portrait; il y est incontestablement le premier des peintres français, et aucun des maîtres étrangers du genre ne saurait lui être comparé. Les portraits de David se ressentent aussi peu que possible des théories et de la manière habituelle du peintre. Pour ne pas sortir du Louvre, citons seulement les portraits du *Pape Pie VII* (nº 159), et de *Madame Récamier* (nº 160). Le portrait du Pape saisit dès l'abord par une vérité profonde et complète, par une étonnante puissance d'expression, faisant transparaître l'âme tout entière sous les traits du visage, par la franchise superbe de l'exécution, exempte de toute raideur, enfin par la vivacité expressive du coloris. Quant au portrait de *Madame Récamier*, c'est assurément l'un des plus parfaits chefs-d'œuvre de l'art français. Comme le fin visage de la jeune femme s'harmonise élégamment avec la grâce de ses poses, les détails discrets des accessoires, et ces teintes douces, féminines, fondues avec un charme infini! Les portraits de *Madame d'Orvilliers*, des *Filles de Joseph Bonaparte*, de *Mademoiselle Jolly*, de *Meyer*, de *Fuzelier*, et tant d'autres, épars à travers les collections particulières, achèvent de mettre David au premier rang des portraitistes : il n'y en eut jamais de plus varié, de plus sobre, de plus pénétrant.

Louis David est né à Paris en 1748. Il voulut d'abord entrer

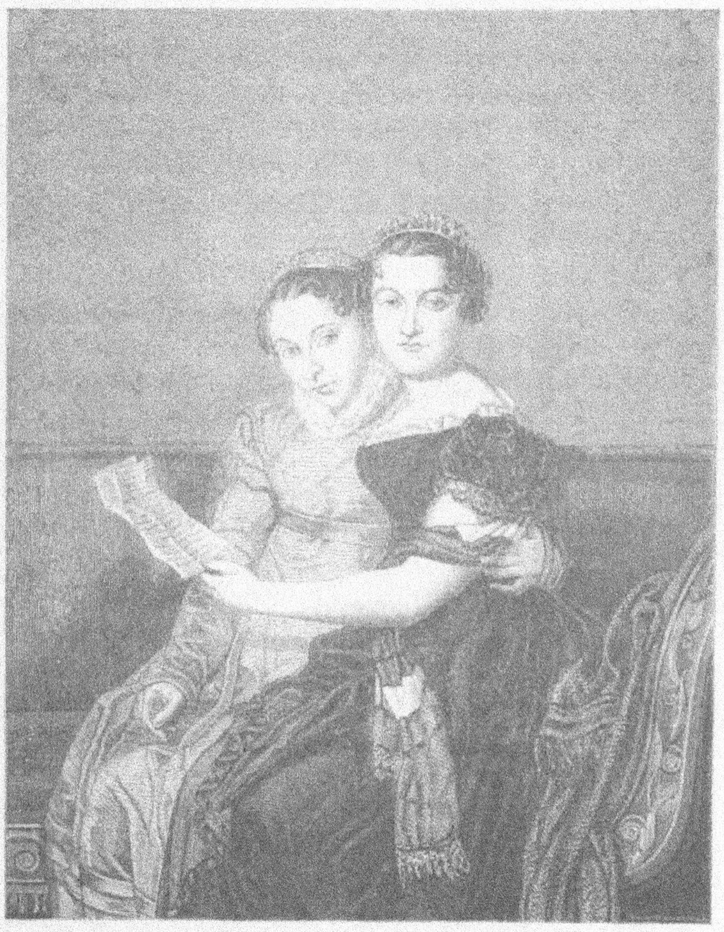

PORTRAIT DES FILLES DE JOSEPH BONAPARTE, PAR LOUIS DAVID.

dans l'atelier de son parent Boucher ; mais celui-ci, désespérant de l'accoutumer à sa manière, le renvoya vers son collègue Vien. En 1772, David concourut pour le prix de Rome, et comme il n'obtint pas même une mention, son chagrin fut si vif qu'il essaya de se laisser mourir de faim. C'est seulement en 1775 qu'il put se rendre à Rome : il y resta cinq ans, sans peindre aucun tableau, sans avoir d'autre occupation que l'étude de l'antiquité. En 1789, David, entraîné par le mouvement révolutionnaire, délaissa la peinture. Il prit une part très active aux événements politiques et se fit nommer, en 1792, député à la Convention. L'ardeur de son républicanisme lui valut, après Thermidor, un emprisonnement au Luxembourg, au sortir duquel il reprit ses pinceaux pour ne les plus quitter jusqu'à sa mort. La faveur de Napléon Ier, qui l'avait nommé son premier peintre, lui attira plus tard les persécutions du gouvernement de Louis XVIII. Exilé en 1816, il ne put obtenir la permission de se rendre à Rome, et se retira à Bruxelles, où il mourut en 1825.

CHAPITRE VII.

Les imitateurs et les rivaux de David.

GROS, GÉRARD, GIRODET, PRUDHON, GÉRICAULT.

Les élèves de David, et ceux de ses contemporains qui, sans suivre ses leçons, ont cru devoir imiter sa manière ou la manière de Vien, n'ont pas eu, malheureusement, un génie assez fort pour atténuer l'effet de ce que ce genre de peinture avait de faux, d'empesé, de déplaisant.

Ce sont les mêmes défauts de froideur et d'emphase que nous retrouvons dans les œuvres d'un rival de David, devenu par la suite son imitateur, JEAN-BAPTISTE REGNAULT de Paris (1754-1829), dont la célèbre *Éducation d'Achille*, au Louvre (n° 466), présente pourtant des mouvements justes et naturels ; nous retrouvons encore ces défauts dans les peintures de l'élève préféré de Regnault PIERRE-NARCISSE GUÉRIN (1774-1833), qui aime à joindre au dessin raide et affecté de l'école de David des recherches de lumière intéressantes, mais le plus souvent malheureuses. Qui n'a souri, au Louvre, devant son *Retour de Marcus Sextus* (n° 277), son *Énée* (n° 280), *sa Clytemnestre* (n° 282), ces pompeuses machines jadis tant vantées? Et la solennité de Guérin est encore surpassée par celle de GERMAIN

DROUAIS (1763-1788), l'auteur de *la Cananéenne aux pieds du Christ* et du *Marius prisonnier à Minturne*, du Louvre.

Deux élèves de David, ANTOINE-JEAN GROS (1771-1836) et

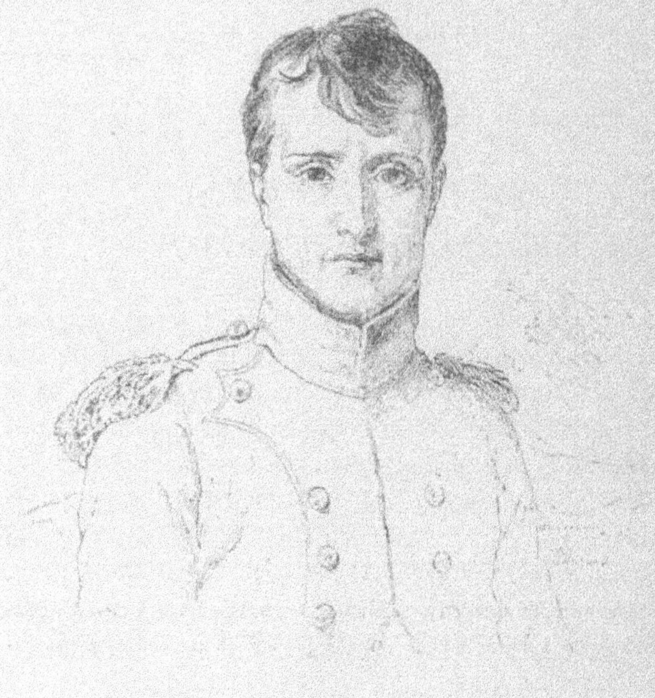

BONAPARTE, PREMIER CONSUL, PAR GÉRARD.
(Galerie de Chantilly.)

FRANÇOIS GÉRARD (1770-1837), tous deux créés barons par Napoléon Ier, se distinguent de leur maître, le premier, par sa facture plus brutale et plus mouvementée, le second, par une finesse plus légère dans les lignes et le coloris. Les chefs-d'œuvre de Gros sont, à côté de ses peintures du dôme du Panthéon

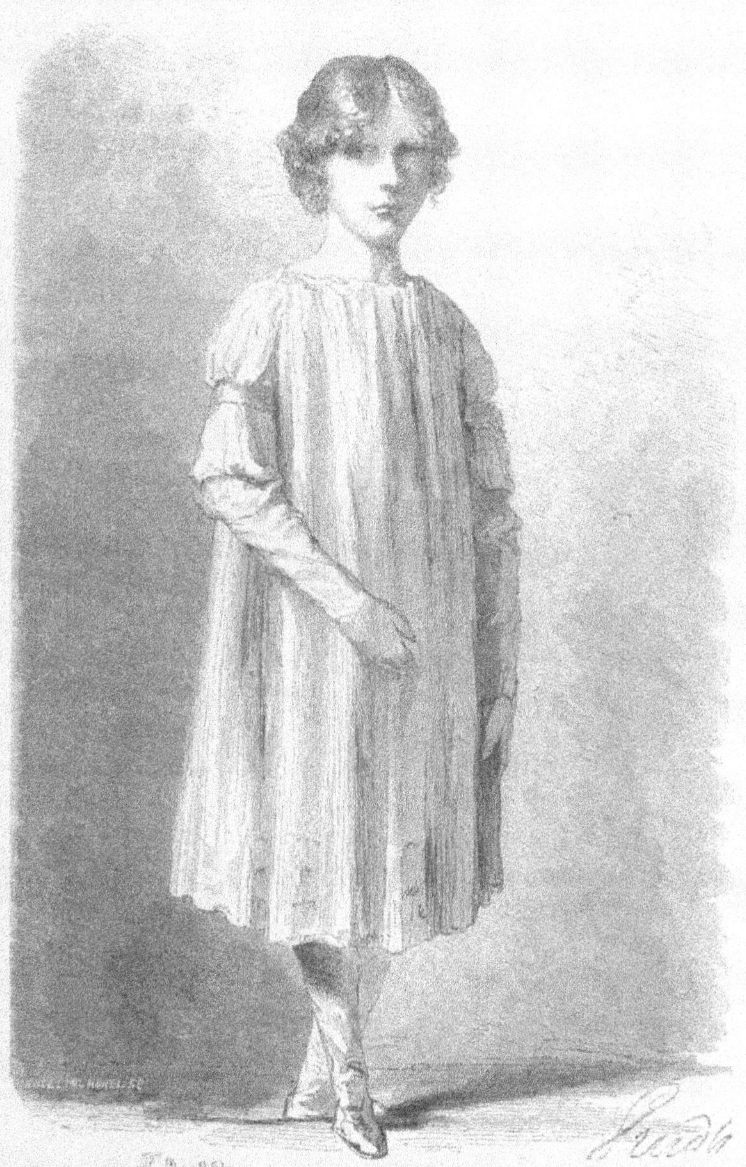

Jeune Fille, de Prudhon.

et du musée de Versailles, le *Bonaparte visitant les pestiférés de Jaffa* (Louvre n° 274), composition vraiment pleine de vigueur et de pathétique; et le *Napoléon visitant le champ de*

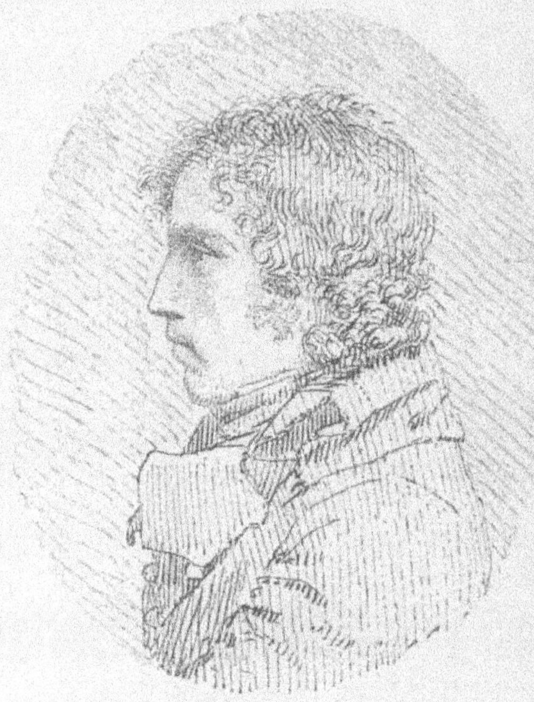

PORTRAIT A LA PLUME DE PRUDHON, PAR LUI-MÊME.

bataille d'Eylau (n° 275), avec l'opposition saisissante des tons vert sombre des figures, et du blanc sinistre de la neige.

Le baron GÉRARD apparaît au contraire souriant et délicat dans son tableau célèbre de *Psyché et l'Amour*, au Louvre (n° 236) : pourtant la sécheresse du dessin, le calme des expressions poussé jusqu'à la froideur, la mignardise affectée du coloris, empêchent ce tableau de produire une impression bien artistique. *L'Entrée de Henri IV à Paris* (nº 235), est au con-

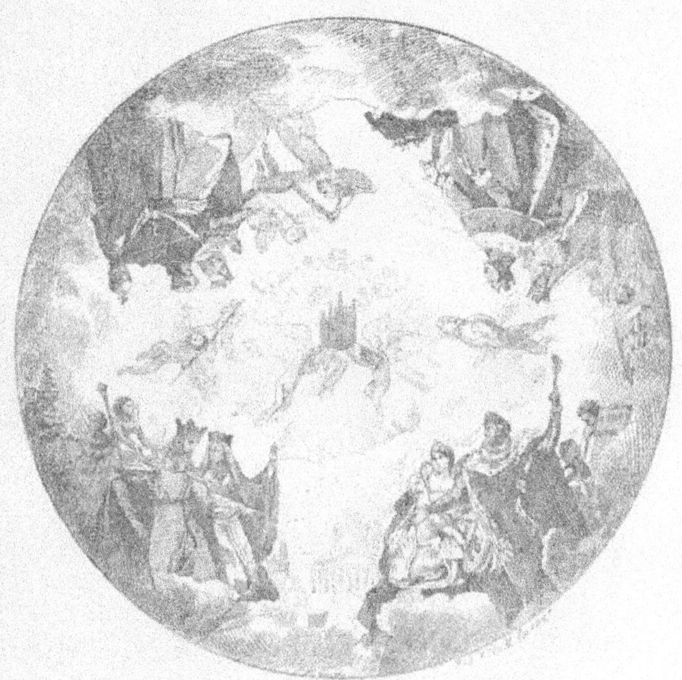

ESQUISSE DE GROS POUR SA COUPOLE DE SAINTE-GENEVIÈVE
(Musée Carnavalet.)

traire une peinture des plus agréables, mouvementée et brillante. Mais Gérard est avant tout un portraitiste : son *Portrait du peintre Isabey et de sa fille*, au Louvre (nº 240), maints autres ouvrages dans des collections particulières, dénotent un sens très juste d'observation, et une réelle science de couleur.

Louis Girodet-Trioson (1767-1824), est, lui aussi, un élève de

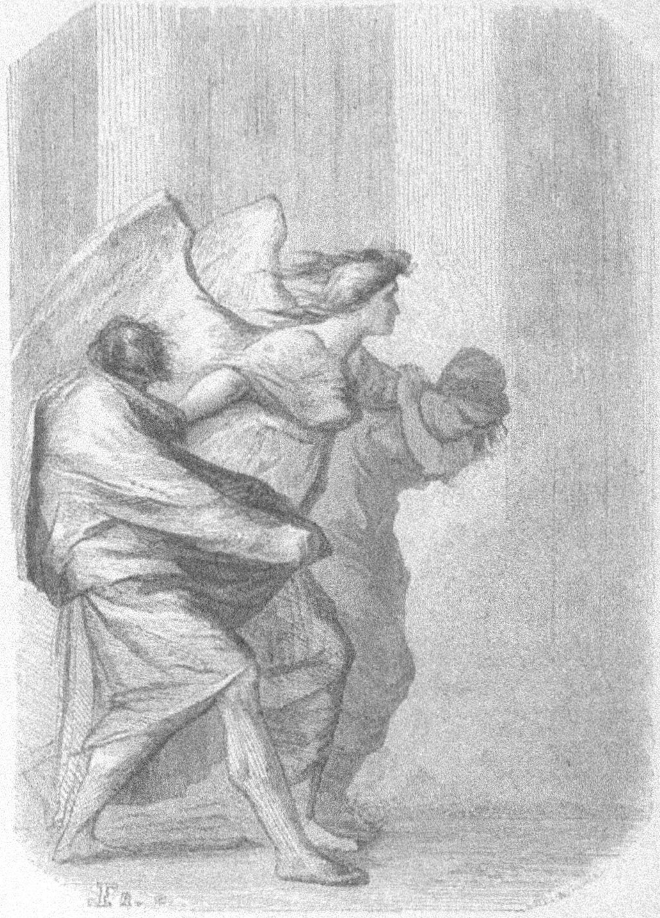

La Justice poursuivant le Crime.
(Étude de Prudhon pour son tableau du Musée du Louvre.)

David. Une salle du Louvre contient les trois ouvrages les plus

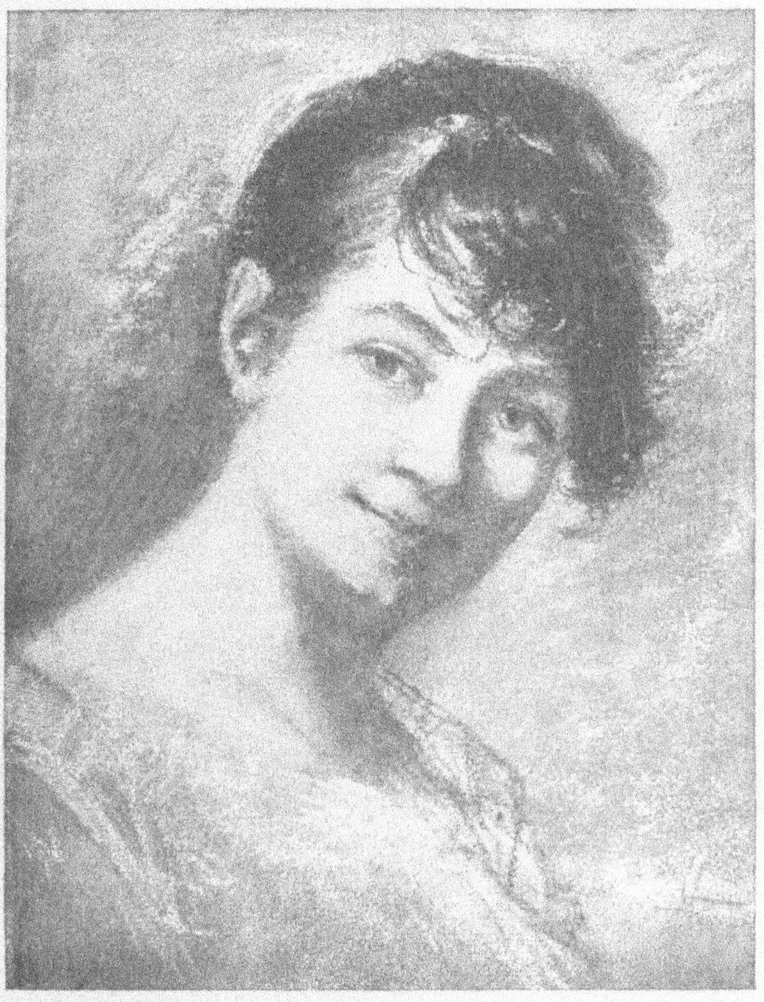

Portrait de Mademoiselle Mayer.
(D'après le pastel de Prudhon, au Musée du Louvre.)

renommés de ce peintre facile et gracieux : la *Scène du Déluge* (nº 250), la *Mise au tombeau d'Atala* (nº 252), et le *Sommeil d'Endymion* (nº 251). La composition est toujours, chez Girodet, raisonnable, légère, et d'une expression très marquée ; mais on y retrouve toujours la fâcheuse raideur de mouvements

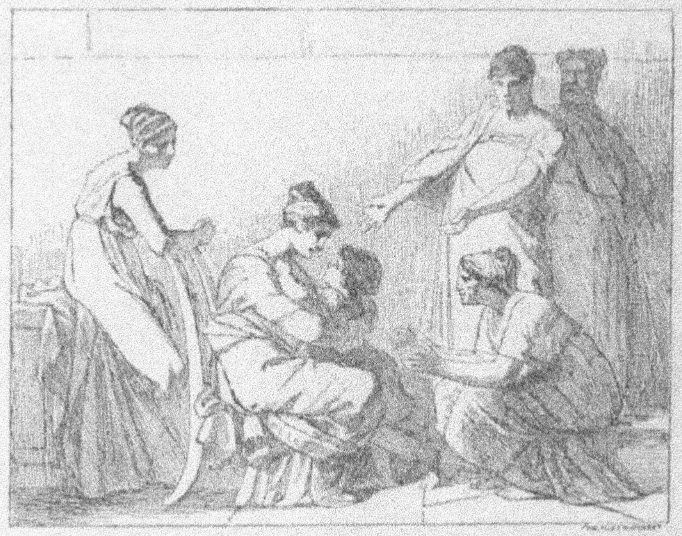

ANDROMAQUE, ESQUISSE DE PRUDHON POUR SON DERNIER TABLEAU.

commune à toute l'école de David ; et Girodet, comme Guérin, est souvent malheureux dans ses recherches de lumière.

L'École de David resta longtemps en France l'école dominante, et la plupart des peintres du temps de l'Empire s'y sont rattachés. Il y a eu pourtant, dès le début de notre siècle, un peintre qui est resté en dehors de cette école, et qui a préféré à l'art tout de noblesse et de solennité de ses contemporains, un art tout de grâce et de délicatesse. Cet artiste est Pierre-Paul Prudhon, de Cluny (1750-1823). Élevé par charité, condamné toujours à une vie obscure et assez misérable, c'est seulement après sa mort que Prudhon a obtenu la renommée qu'il méritait. De longues études faites en Italie lui avaient donné quelque chose de la fine pureté des maîtres italiens de la

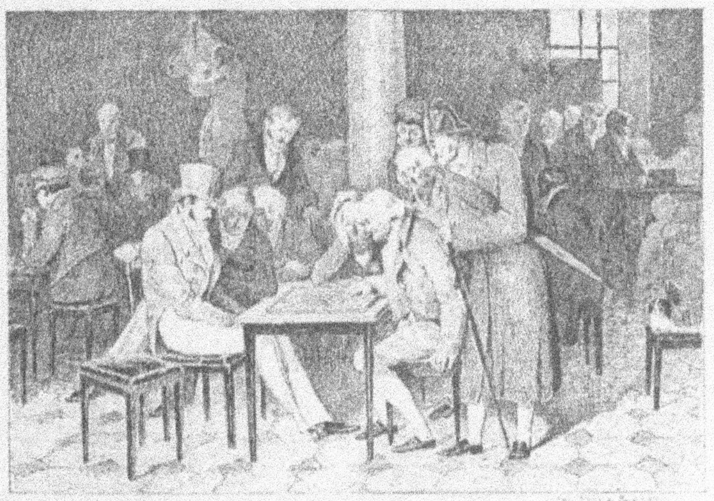

Café Corazza en 1823, par Louis Boilly.

Renaissance, et notamment du Corrège. Toutes ses figures ont un aspect maladif et un peu étrange, d'une étrangeté encore accentuée souvent par un clair-obscur particulier, qui oppose les chairs pâles à un fond d'un gris sombre et transparent.

Le Louvre partage avec diverses collections particulières l'honneur de posséder les principales compositions de Prudhon. Parmi les tableaux du Louvre, citons la *Justice et la*

Vengeance poursuivant le Crime (n° 459), l'*Assomption de la*

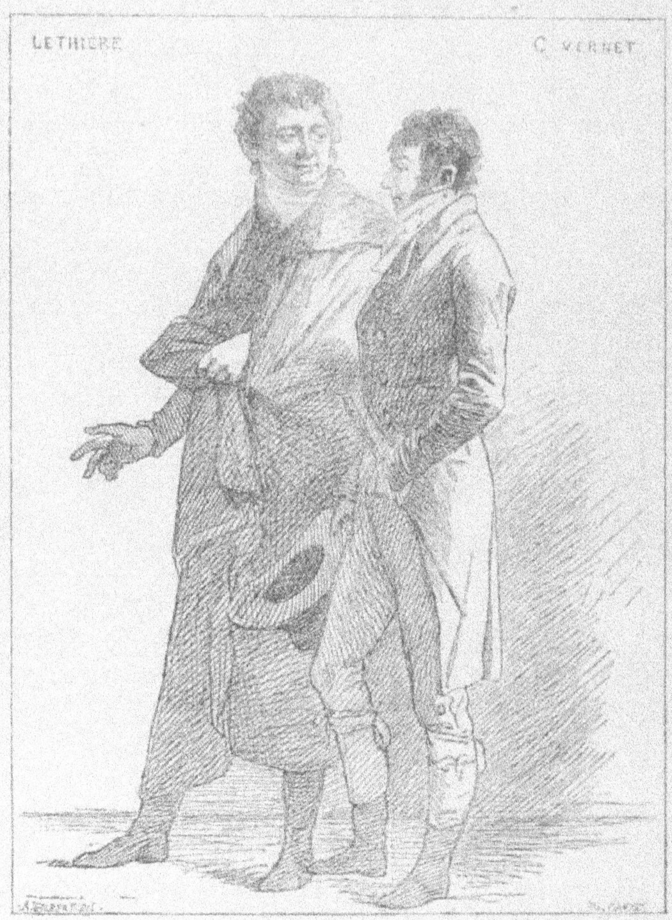

LETHIÈRE ET CARLE VERNET, PAR LOUIS BOILLY.

Vierge (n° 458), le célèbre *Christ en Croix* (n° 457), la *Sagesse ramenant la Vérité*, etc. La *Justice* est une composition tout à fait saisissante, d'un mouvement fantastique, avec un singulier effet de lumière qui en augmente la tragique horreur. L'*As-*

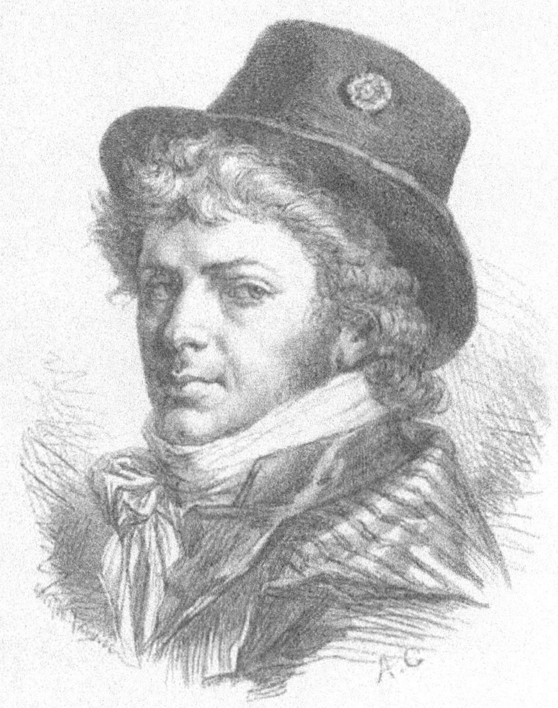

PORTRAIT DE WICAR, PAR LUI-MÊME
(Musée de Lille.)

somption, au contraire, est une peinture tendre et légère, où le coloris s'accorde merveilleusement avec l'expression des figures. Le *Christ en Croix*, avec ses personnages sombres se détachant sur le fond gris, est le triomphe du pathétique dans la peinture religieuse. A côté de ce chef-d'œuvre, la *Sagesse et la Vérité* nous séduit par la délicieuse élégance de ses mouvements.

Mais Prudhon, comme Gérard, comme David lui-même, est avant tout un portraitiste. Ses portraits, sans être comparables

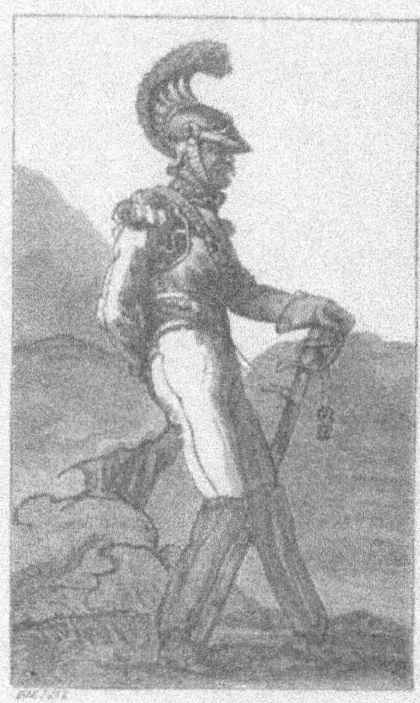

CARABINIER, PAR GÉRICAULT.

à ceux de David pour la rigueur du modelé et la profondeur de l'expression, ont cependant un charme extraordinaire, un charme de couleur, de lumière, de piquante fantaisie dans l'interprétation des traits. Les portraits de *Madame Jarre* et de l'*Impératrice Joséphine*, au Louvre, suffiraient à nous faire connaître cette manière toute originale : mais c'est en dehors du Louvre, dans des galeries particulières de Paris et de la province, qu'il faut chercher les chefs-d'œuvre de Prudhon.

Nous ne pouvons quitter cette période de la Révolution et de l'Empire sans signaler encore, avec des imitateurs de David, tels que Lethière (1769-1832) et Court (1798-1865), des peintres

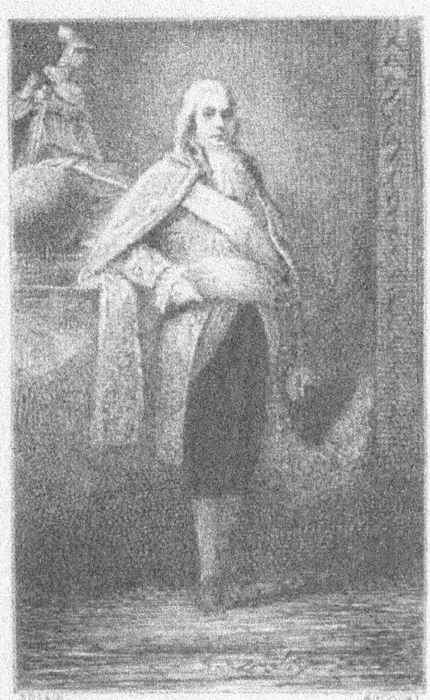

M. de Talleyrand, par Prudhon.

indépendants, remarquables, tantôt, comme le Lillois Léopold-Louis Boilly (1761-1845), par leur manière pleine de bonhomie et dénuée de toute prétention, tantôt, comme Xavier Sigalon, d'Uzès (1790-1837), par leur effort à reprendre le grand art de la Renaissance italienne.

L'École de David avait été une réaction contre les tendances efféminées du dix-huitième siècle : mais nous avons vu comment,

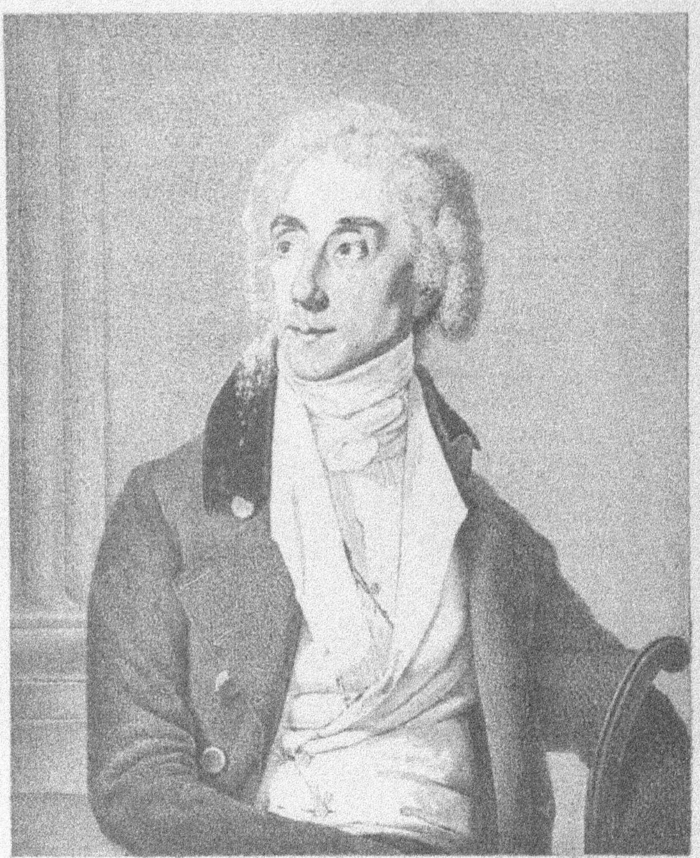

Portrait de Baptiste aîné, par Drolling.
(Musée de la Comédie française.)

malgré le génie de son chef, elle s'était perdue par l'abus des conventions, la raideur des mouvements, l'absence de toute vie profonde. Une réaction ne devait pas manquer de se pro-

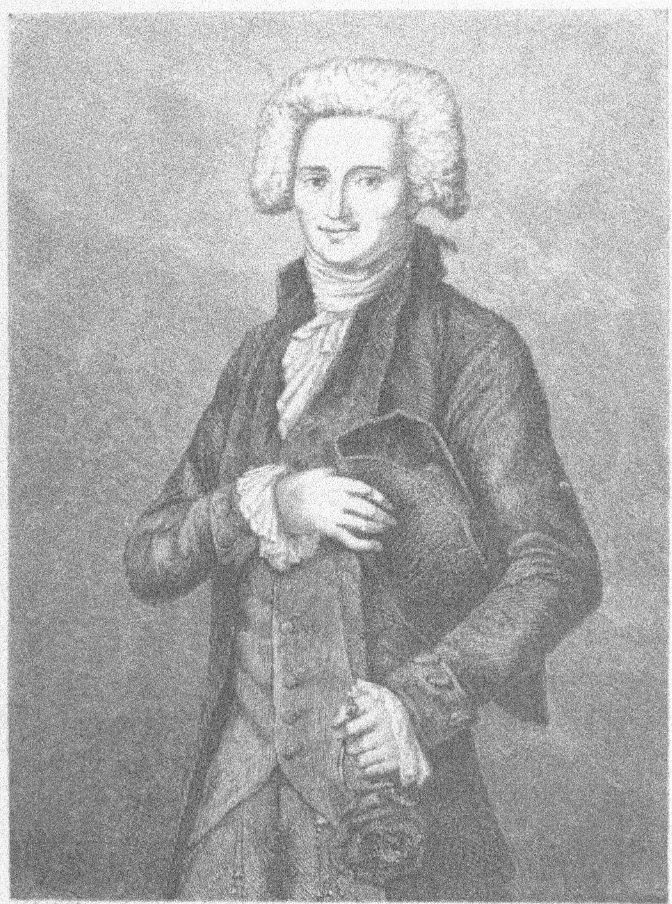

Portrait présumé de Robespierre.

duire, à son tour, contre l'École de David. Le promoteur de la révolution nouvelle fut un peintre rouennais, Théodore Géricault (1791-1824), qui, au sortir de l'atelier de Guérin, s'efforça d'introduire dans la peinture le mouvement naturel et la vérité. Le Salon Carré de l'École française, au Louvre, possède l'ouvrage principal de Géricault : le *Radeau de la Méduse*, flottant à la dérive sur l'Océan avec son équipage affamé et désespéré (nº 142). On sent, dès l'abord, la nouveauté de la composition. Les mouvements sont hardis et simples, les poses librement heurtées, les expressions variées, à la fois tragiques et naturelles. L'effet général est encore accru par un coloris sombre et désolé, et par un fond de vagues d'un vert sinistre. Assurément on retrouve, çà et là, des restes d'apprêt et de convention dans ce vaste tableau : ainsi un personnage de gauche, assis et la tête appuyée sur sa main, a conservé toute la raideur emphatique des figures de Guérin; mais l'intention révolutionnaire de Géricault apparaît manifestement malgré ces défauts. Les contemporains, et surtout les confrères du peintre, firent bien voir qu'ils l'avaient comprise, par les clameurs violentes dont ils accueillirent le *Radeau de la Méduse*. On reprochait à Géricault de faire de la peinture dégoûtante, d'enlever tout l'effet en laissant à peine voir la mer, d'avoir cherché ses types dans les hôpitaux au lieu de les prendre dans les chefs-d'œuvre antiques. Géricault répondit à de tels reproches en s'acharnant dans la voie qu'il avait ouverte. Nous trouvons de lui, au Louvre, divers tableaux de dimension plus petite, mais où la franche vigueur du dessin et du coloris est encore plus accusée : l'*Officier de chasseurs* (nº 776), le *Cuirassier blessé* (nº 244), le merveilleux *Portrait d'un Carabinier* (nº 245). Dans les dernières annés de sa courte vie, Géricault s'est surtout attaché à l'étude des chevaux. Il a laissé des ta-

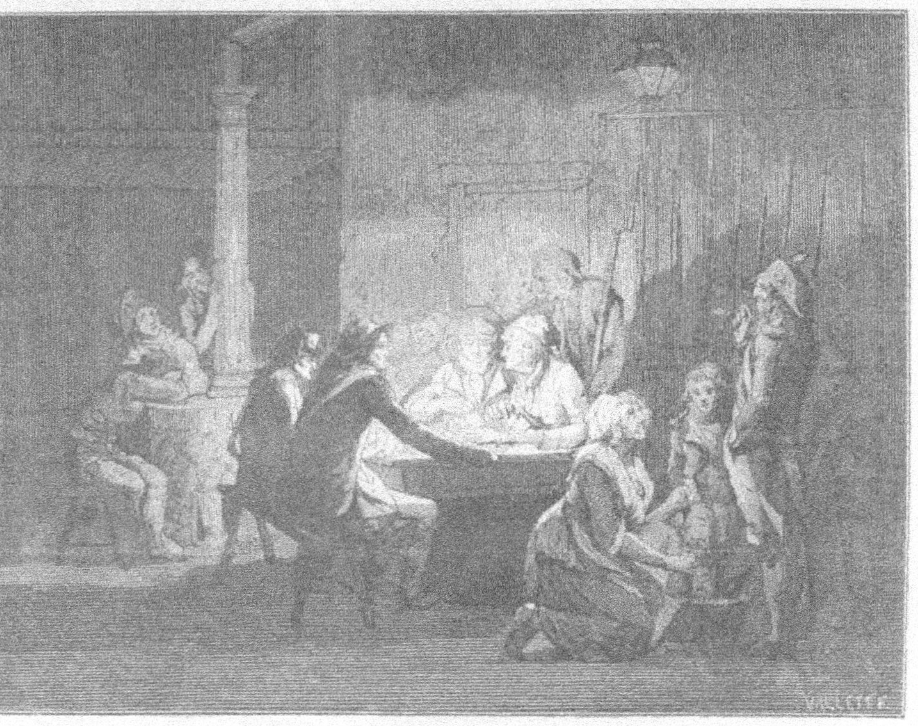

Intérieur de corps de garde, dessin de Louis Boilly. (Musée de Lille.)

bleaux de *Courses*, de *Chevaux dans une écurie*, etc., dont aucun peintre n'a égalé la sobre et splendide vérité.

Ce grand artiste est mort trop jeune pour donner la mesure complète de ce qu'il aurait pu faire. Il n'en est pas moins vrai que ses ouvrages restent comme les meilleurs témoignages de l'art nouveau. Son ardeur pour le travail était énorme : couché dans son lit et attendant la mort, il avait encore demandé ses pinceaux et essayé de peindre sur le mur de sa chambre.

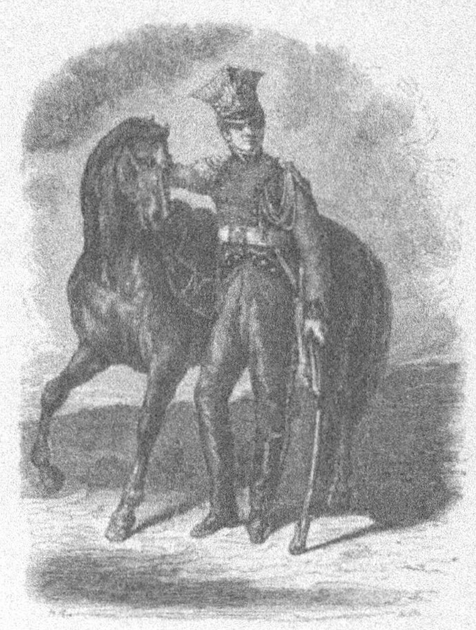

QUATRIÈME PARTIE.

LA PEINTURE FRANÇAISE AU DIX-NEUVIÈME SIÈCLE.

CHAPITRE PREMIER.

La peinture romantique.

DELACROIX, DECAMPS.

Notre étude des développements successifs de la peinture française nous a conduits au seuil de l'époque contemporaine; il convient que nous nous y arrêtions. L'art qui s'est constitué en France vers 1830 est si différent de ceux qui l'ont précédé, si étroitement mêlé aux conditions sociales et intellectuelles de notre temps, qu'il nous serait impossible d'en donner une juste idée dans le petit espace qui nous est laissé. La peinture française contemporaine est l'honneur de notre pays : elle affirme la supériorité de la France, en même temps que sa profonde et inaltérable vitalité. Cette peinture réclame une étude spéciale, que nous lui consacrerons un jour. A peine pourrons-nous, ici, indiquer en quelques mots les principaux

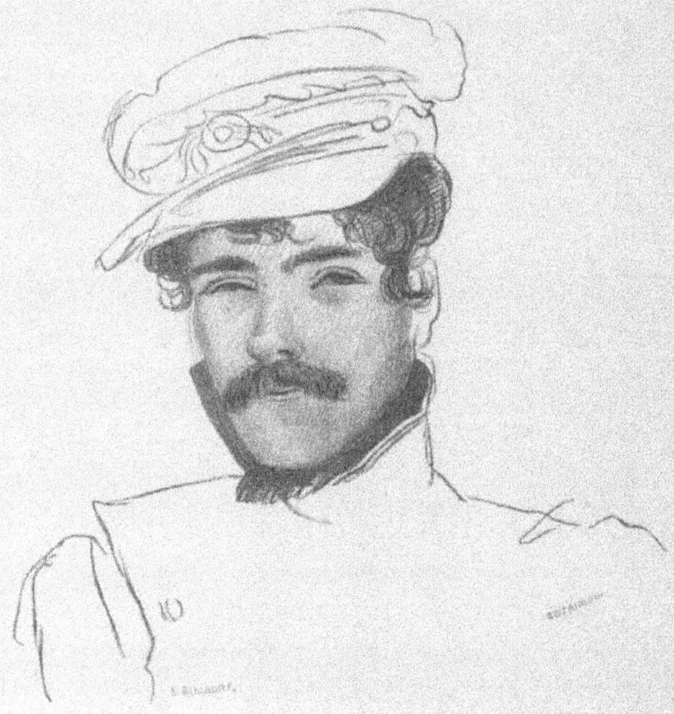

Portrait de Delacroix en costume de voyage, par lui-même.

événements qui ont préludé à la constitution et à l'épanouissement de cet art contemporain.

Nous avons vu déjà que Géricault avait été le précurseur d'un nouveau genre de peinture; l'honneur de créer définitivement cette peinture, de lui ouvrir les voies où elle a si glo-

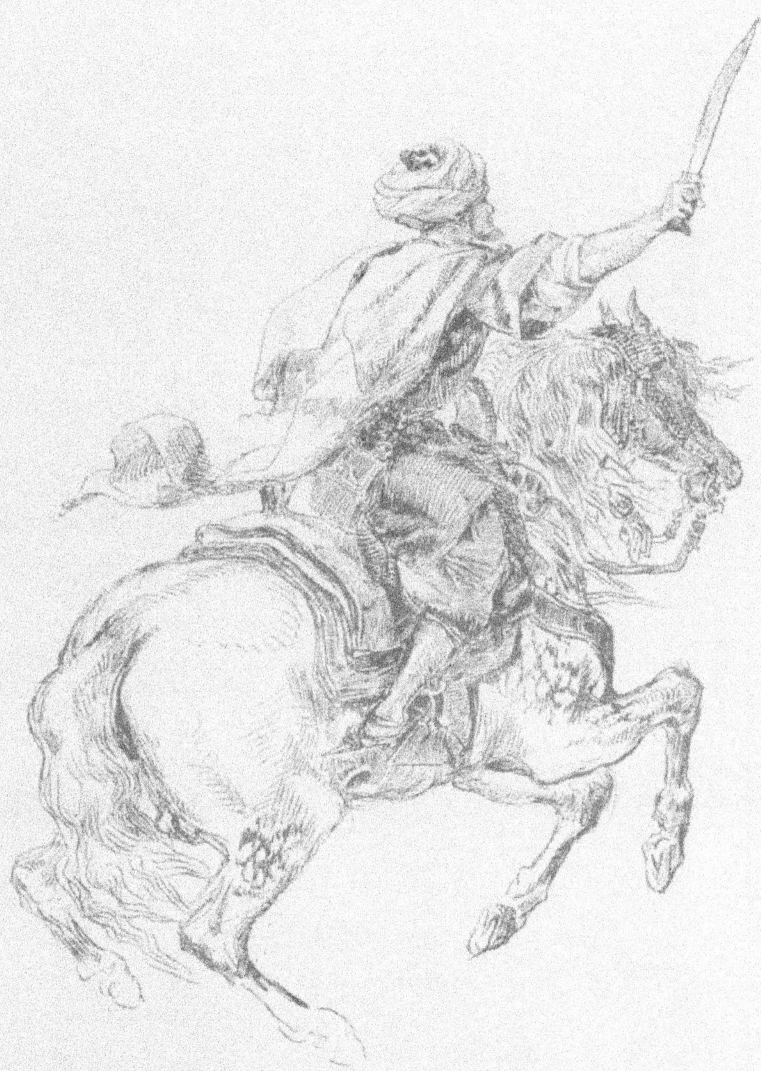

Cavalier arabe, dessin de Delacroix.

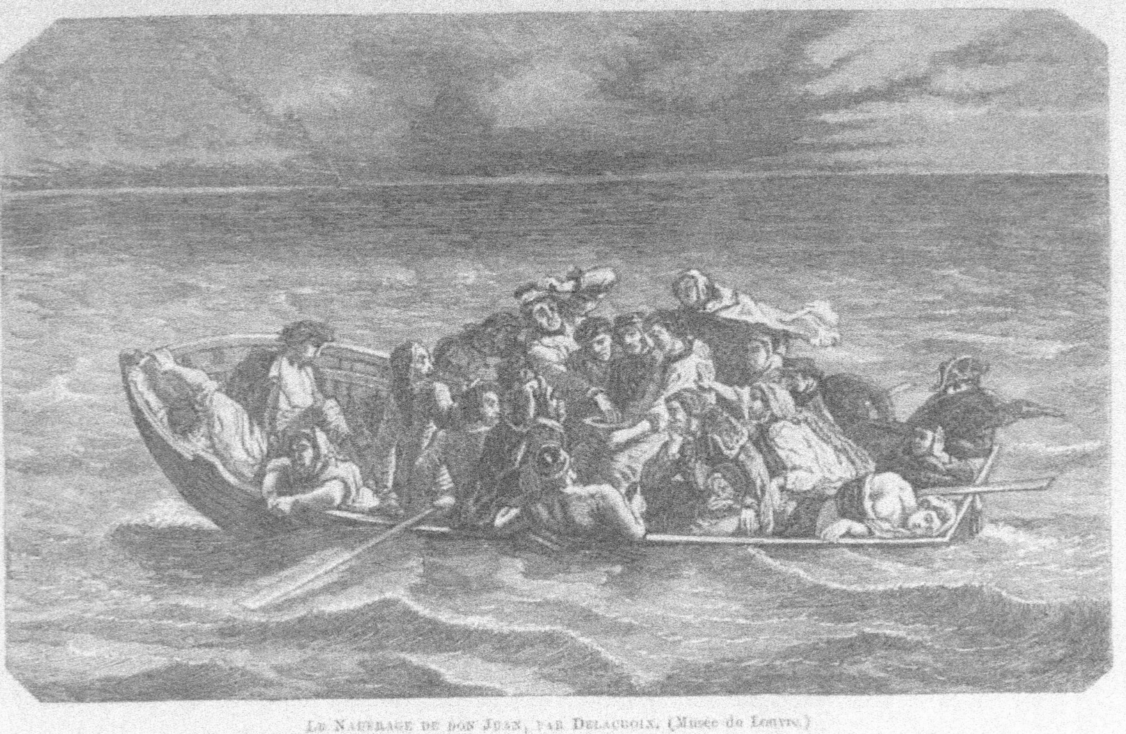

Le Naufrage de don Juan, par Delacroix. (Musée du Louvre.)

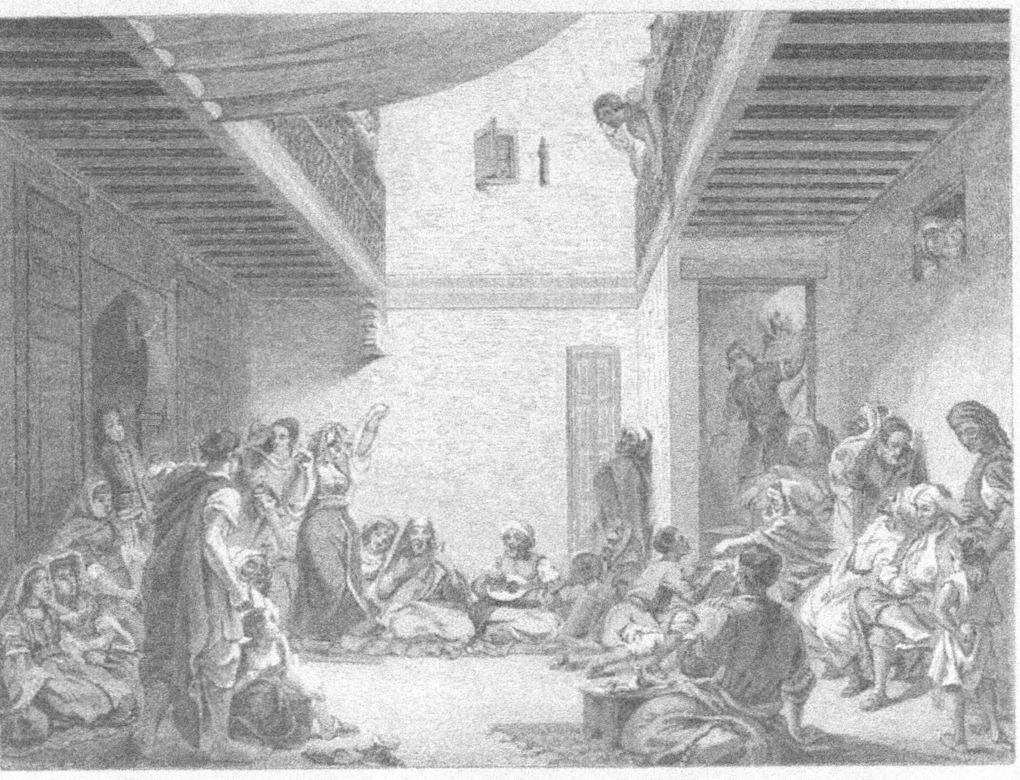

La Noce juive, par Delacroix. (Musée du Louvre.)

rieusement marché, était réservé à deux peintres de natures très différentes, mais égaux en valeur et en influence : Eugène Delacroix et Dominique Ingres.

Dès 1822, le peintre Eugène Delacroix, de Charenton, élève de Guérin (1798-1863), exposait au Salon, jusque-là consacré entièrement aux peintures de l'École de David, un tableau que

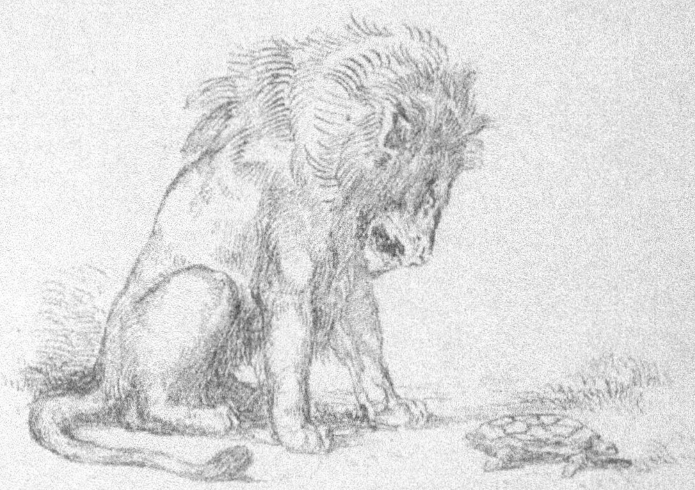

Lion et Tortue, dessin de Delacroix.

possède aujourd'hui le Louvre : *Dante et Virgile traversant le lac infernal* (n° 753). C'était une œuvre d'un style tout nouveau, poussant le mouvement jusqu'à la vulgarité, avec un coloris vigoureux qui échappait à toutes les traditions de l'École régnante. Son réalisme brutal et fougueux souleva les protestations les plus vives, comme autrefois celui du *Radeau de la Méduse*. On parla d'exclure Delacroix du Salon : on l'accusa de peindre « avec un pinceau ivre ». L'impulsion n'en était pas moins donnée; un art nouveau, un art de mouvement et de couleur, le *Romantisme*, prenait possession de la peinture, en même temps qu'il s'emparait de la littérature avec Victor Hugo et de la musique avec Berlioz.

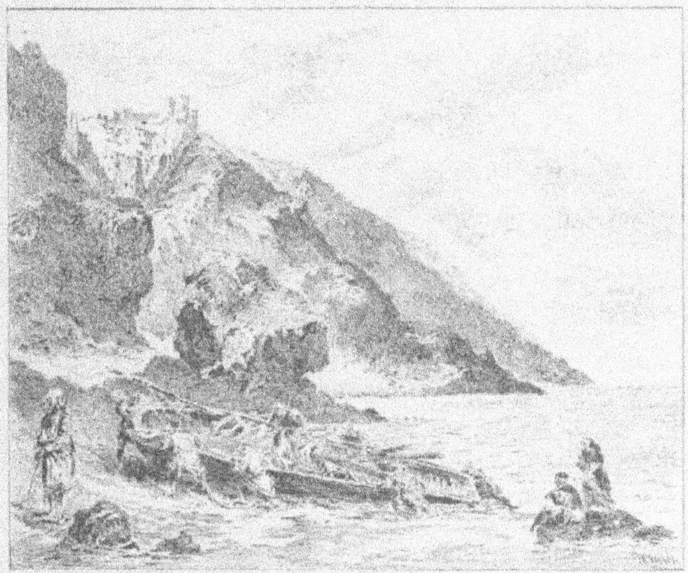

Les Côtes du Maroc, par Delacroix.

La peinture romantique n'eut jamais la bonne fortune qu'avait eue pendant vingt ans l'art de David. Elle dut lutter jusqu'au bout contre des manières opposées qui avaient pour elles la faveur publique. Mais le romantisme de Delacroix, par sa seule manifestation, avait forcé ses adversaires à renouveler de leur côté la manière de David. Aussi peut-on voir dans l'histoire de la peinture, entre 1820 et 1850, l'histoire d'une lutte de deux arts opposés mais tous deux nouveaux, *l'art romantique*, représenté par Delacroix, et *l'art* dit *classique*, inauguré par Ingres. Dans une catégorie intermédiaire se rangent certains maîtres, qui, sans prendre parti dans la lutte, se rattachent à l'une ou à l'autre école par quelques-unes de leurs qualités.

Presque en même temps que paraissait la *Barque du Dante*, un jeune peintre, EUGÈNE DÉVERIA (1805-1865), élève de Girodet, exposait une *Naissance d'Henri IV* (au Louvre, n° 765) qui peut être considérée comme un spécimen remarquable de la nouvelle peinture, avec ses tons vigoureux et clairs, le naturel et la vivacité de ses mouvements. Mais Eugène Déveria ne tint guère par la suite les promesses qu'il avait données, et c'est seulement dans les ouvrages de Delacroix que nous pouvons étudier complètement les qualités diverses du romantisme. Ces qualités peuvent se résumer en quelques mots : recherche de la vérité dans les mouvements, de la variété et de la chaleur dans le coloris; essai d'une composition harmonieuse où les lignes et les couleurs contribuent de concert à une expression d'ensemble. De Delacroix, comme de Rubens, qui fut son maître véritable, on a dit qu'il était un pur coloriste; l'affirmation est aussi peu exacte pour le grand romantique français que pour le peintre flamand. Il est certain que tous deux ont donné à la couleur dans leurs ouvrages un rôle essentiel; suivant l'exemple des Vénitiens, ils ont fait du coloris un élément indispensable de leurs tableaux, bien différents en cela de la plupart des autres peintres, même des plus illustres, chez qui la couleur et le dessin ont toujours été plus ou moins deux choses distinctes et pouvant être séparées. Mais cette conception même de la couleur entraîne comme conséquence l'impossibilité pour

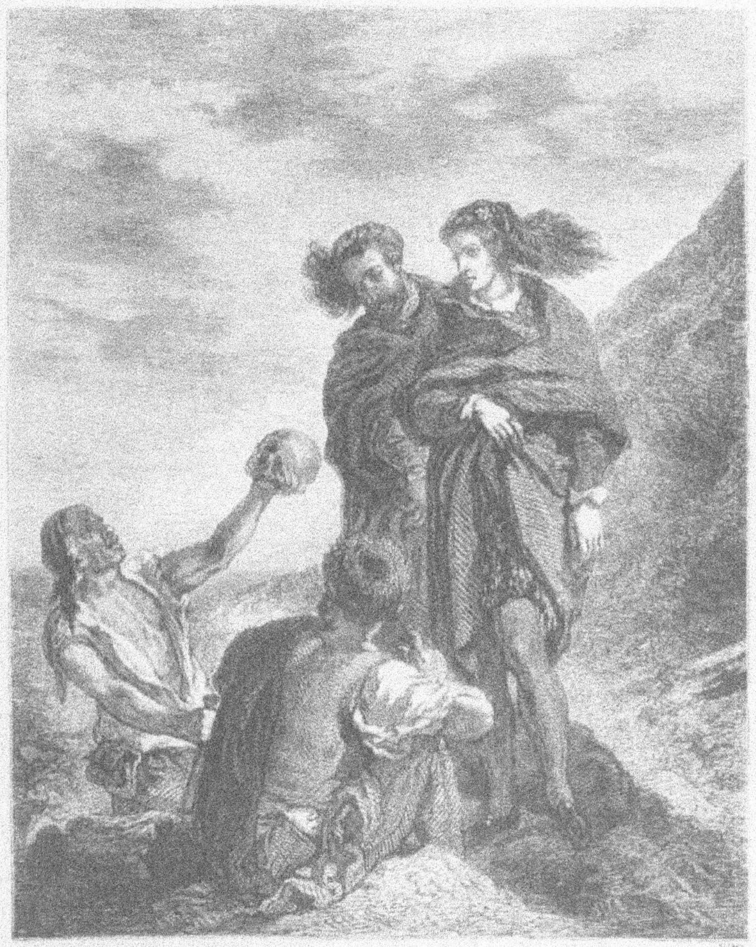

HAMLET, PAR DELACROIX.

le coloris d'avoir un sens quelconque par lui seul, en dehors de la composition générale, du dessin et des mouvements. Aussi Delacroix et Rubens ont-ils été des dessinateurs autant que des coloristes. La vérité est seulement qu'ils ne se sont pas astreints à reproduire avec un soin égal toutes les lignes d'un objet, sous prétexte de le rendre exactement tel qu'il était. Ils

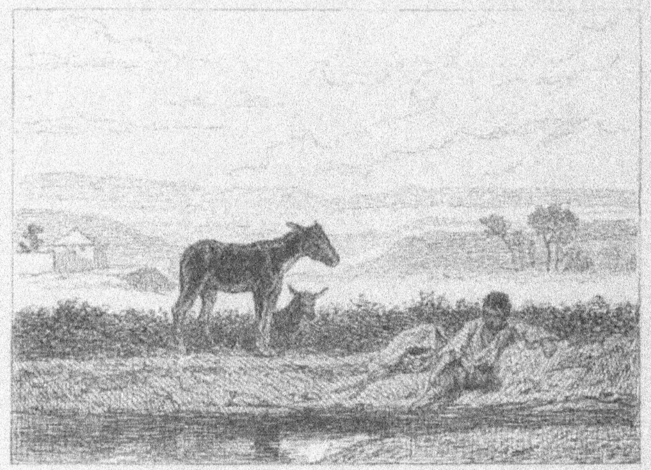

L'Ane, par Decamps.

comprenaient que les corps n'ont pas d'autres formes que celles que nous leur voyons, au moment où nous les voyons. De là un dessin qui peut paraître bizarre et incomplet, mais qui est une restitution sincère de la réalité, celle-ci se manifestant à nous d'une façon différente suivant la différence des mouvements, des lumières, des couleurs, des plans et des objets environnants.

Ce qui distingue Delacroix de Rubens et des autres coloristes, c'est un goût particulier pour les sujets tragiques et passionnés, nécessitant des mouvements et des couleurs d'une violence extrême; c'est encore l'emploi fréquent de tons vibrants et assombris, en harmonie avec ce caractère préféré des sujets. Rarement on trouve chez Delacroix les éclats lumineux et joyeux de Véronèse ou l'éblouissante fraîcheur de Rubens; mais lui seul a su utiliser, pour produire des effets de passions

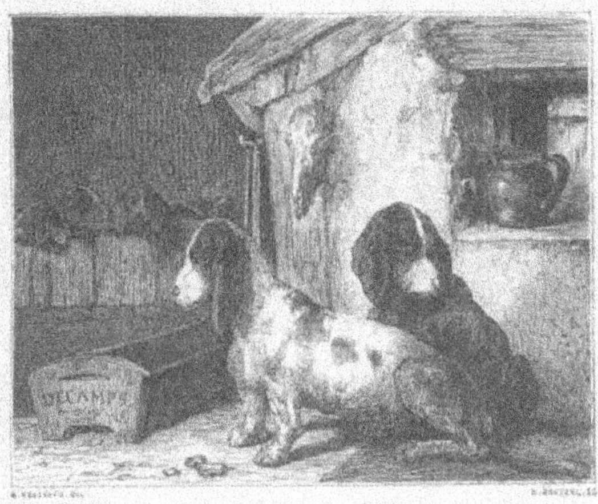

LE CHENIL, PAR DECAMPS.

fougueuses, certaines tonalités vertes et bleues mélangées de rouges vifs. Il faut voir au Louvre toutes les compositions de ce maître, qui est une des gloires les plus vivantes de l'art français : le *Naufrage de don Juan*, le *Massacre de Scio* (n° 754), d'un ensemble pathétique et désolé; les deux tableaux orientaux de la *Noce marocaine* (n° 757) et des *Femmes d'Alger* (n° 756), le premier tout imprégné de soleil, le second mélancolique et d'un aspect immobile sous la variété des couleurs.

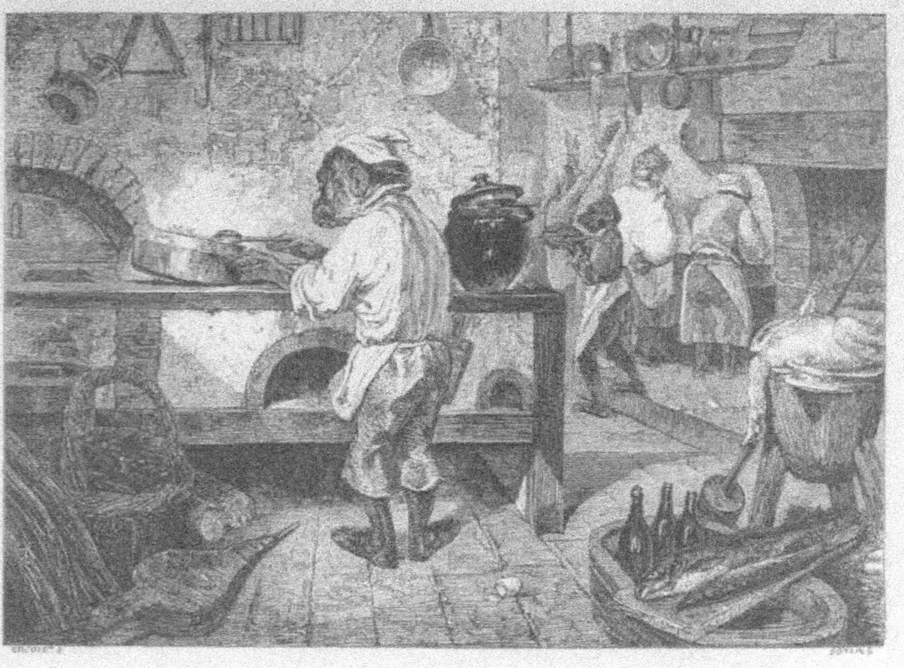

Les Singes cuisiniers, par Decamps.

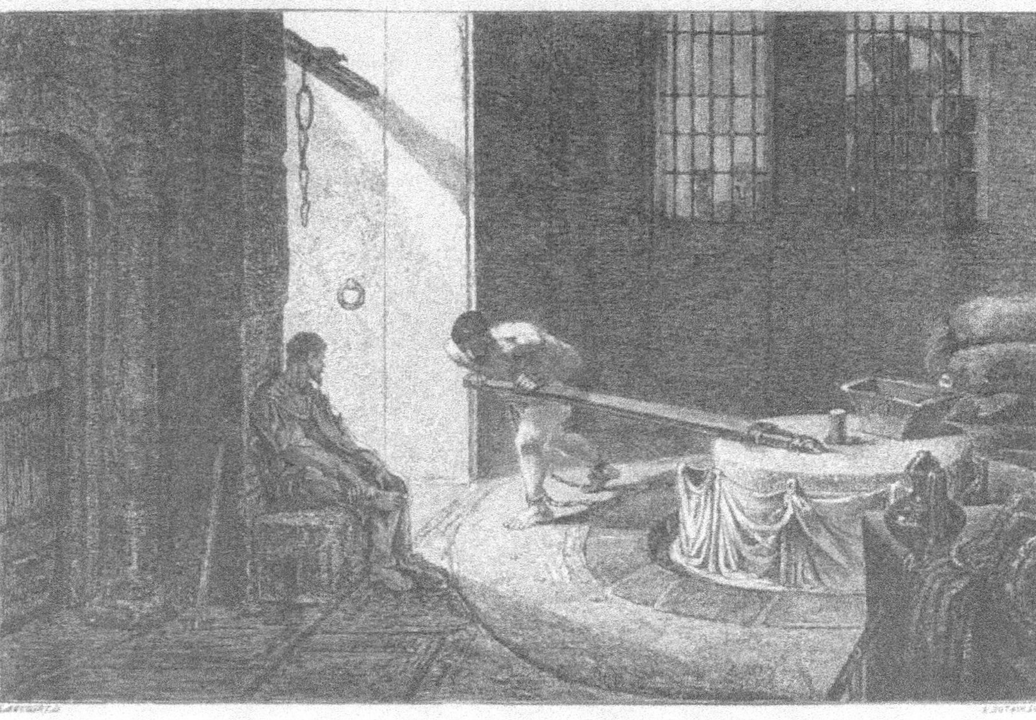

SAMSON TOURNANT LA MEULE, PAR DECAMPS.

Mais le chef-d'œuvre de Delacroix au Louvre est une grande page récemment cédée à notre musée par le musée de Versailles : l'*Entrée des Croisés à Constantinople*. Tout ici concourt à la puissance d'expression. Les formes sont dessinées vigoureusement; les groupes, avec des mouvements très intenses, se détachent sur un paysage simple et grandiose. Pas un détail qui ne contribue à l'impression d'ensemble, dans ce merveilleux ouvrage d'un coloris nuancé à l'infini et tout étincelant de lumière.

Eugène Delacroix nous a laissé bien d'autres chefs-d'œuvre : les uns sont épars dans les collections particulières comme l'*Hamlet*, le *Sardanapale*, les *Lions*, d'autres heureusement plus faciles à voir, comme ses merveilleuses peintures murales de la Chapelle des Saints-Anges à l'église Saint-Sulpice : l'*Archange saint Michel*, *Héliodore chassé du temple*, et cette *Lutte de Jacob avec l'ange*, qui passe à bon droit pour l'œuvre la plus parfaite du peintre.

La peinture romantique avait en elle trop d'art et de vie pour n'être qu'une manifestation éphémère comme la peinture de David. On peut dire en somme que tous les grands peintres de notre pays sont sortis de Delacroix. Mais il y avait dans la manière de ce maître quelque chose de brutal et d'exubérant qui répugnait à l'élégance mesurée de notre goût national. Aussi les peintres qui ont succédé à Delacroix ont-ils tempéré sa fougue romantique et remplacé sa force de mouvement et de coloris par une vivacité plus retenue, plus soucieuse de la réalité ordinaire. Un seul peintre représente le pur romantisme à côté de Delacroix : Gabriel Decamps (1803-1860), artiste moins passionné, mais non moins épris de la couleur, que l'auteur de l'*Entrée des Croisés*. Ce n'est pas au Louvre, malheureusement,

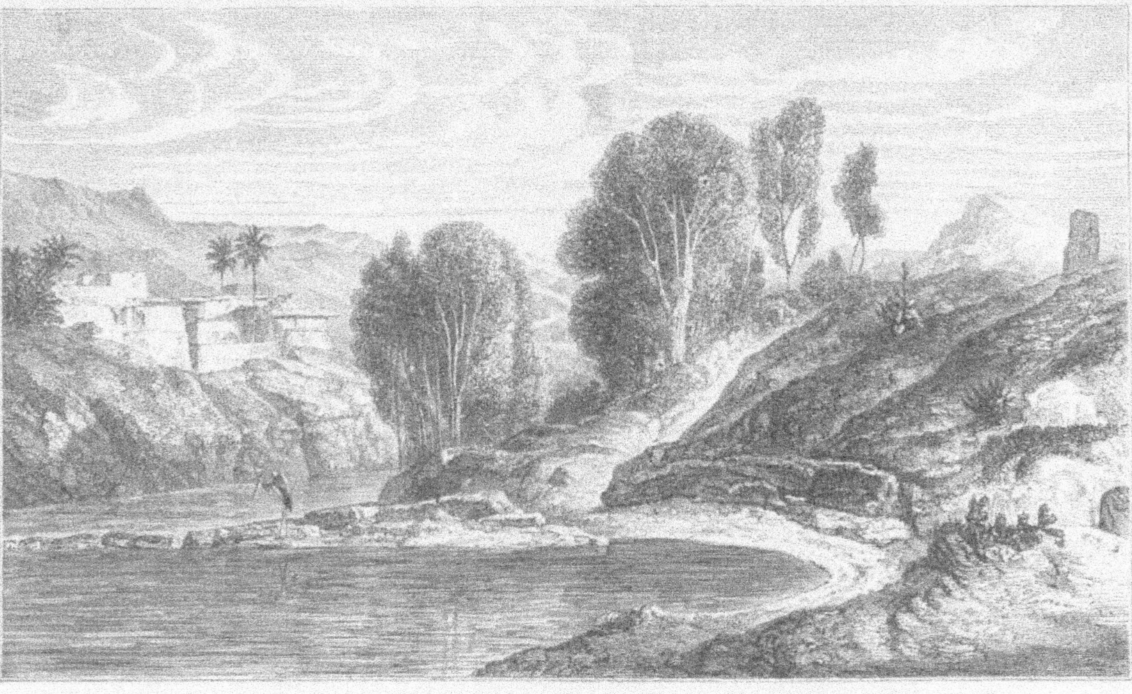

Le Héron, par Decamps.

que nous pouvons nous faire une idée complète du génie de Decamps. Les petits tableaux qu'on y voit ne souffrent pas la comparaison avec les merveilleux paysages d'Afrique et les tableaux de chiens, de singes, etc., qui font l'ornement de diverses collections privées.

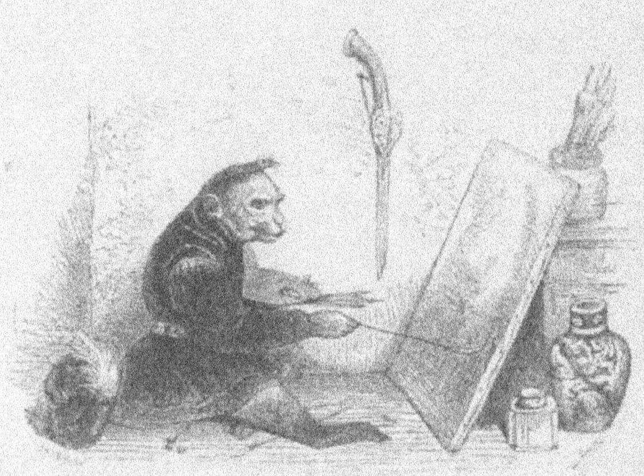

CHAPITRE II.

La peinture classique et la peinture d'histoire.

INGRES, CHARLET, RAFFET, HORACE VERNET.

En opposition au romantisme de Delacroix s'est formée, vers 1830, une école qui correspondait, elle aussi, à certains côtés de l'esprit français. Elle a eu pour chef le célèbre rival de Delacroix, DOMINIQUE INGRES, de Montauban (1780-1867), dont l'ouvrage principal est une *Apothéose d'Homère*, au Louvre (n° 789). Ingres était élève de David, mais sa manière est déjà bien différente de celle de son maître. Tous deux recherchent la beauté pure des formes et ne l'admettent que dans des mouvements calmes et harmonieux. Seulement le conventionnel David concevait de préférence un idéal noble et sévère, pour ainsi dire républicain, avec la rigidité apprêtée des anciens romains; l'idéal des formes, tel que le conçoit Ingres, se rapproche davantage de celui qu'avait imaginé Raphaël, élégant et distingué, avec une grâce plus tendre. Le tort d'Ingres est de s'être trop attaché, comme avait fait déjà David, à vouloir reproduire les formes d'un autre temps : l'élégante beauté de ses figures, pour être empruntée à Raphaël, n'en demeure pas moins froide et privée de vie, comme l'austère beauté que David empruntait aux statues romaines. Reconnaissons toutefois, que malgré ce défaut général, Ingres était un maître d'une habileté prodigieuse, et que, malgré son dédain affecté

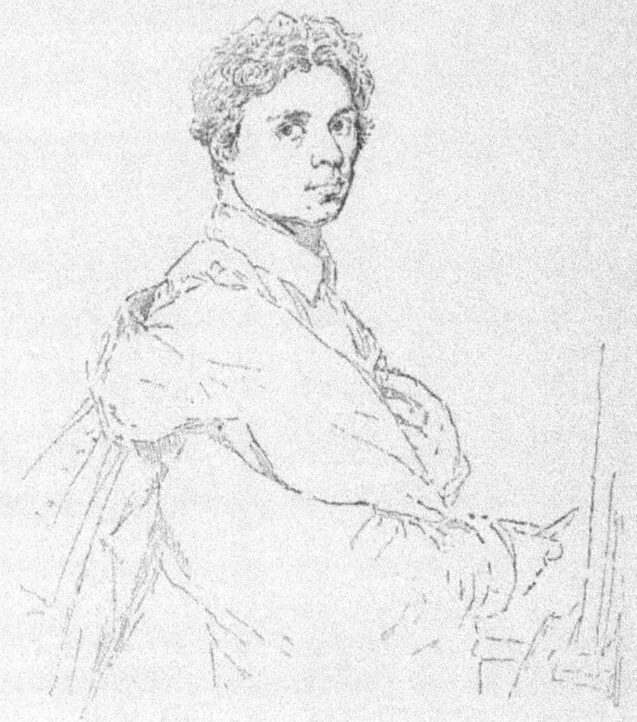

PORTRAIT D'INGRES, PAR LUI-MÊME.
(Galerie de Chantilly.)

pour la couleur, il a su parfois orner ses figures d'un coloris charmant, plein d'étrangeté, de finesse et d'éclat.

Au Louvre, c'est seulement le dessinateur habile que nous trouvons dans l'*Apothéose d'Homère*, remarquable par sa belle composition et par les figures si soignées de Dante, de Virgile, de Molière, de Racine, de Raphaël, de Poussin, etc., rangées

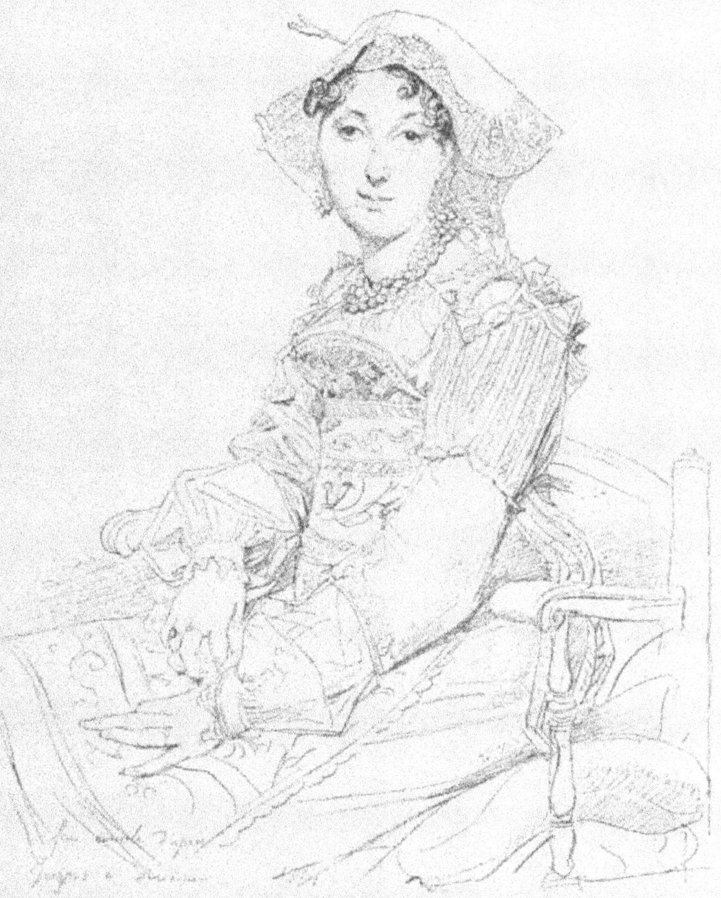

Mme Haudebourt-Lescot, en costume d'Italienne, dessin d'Ingres.

autour du vieux poète; dans le *Roger délivrant Angélique* (no 791); dans l'agréable petite scène du *Pape à la chapelle*

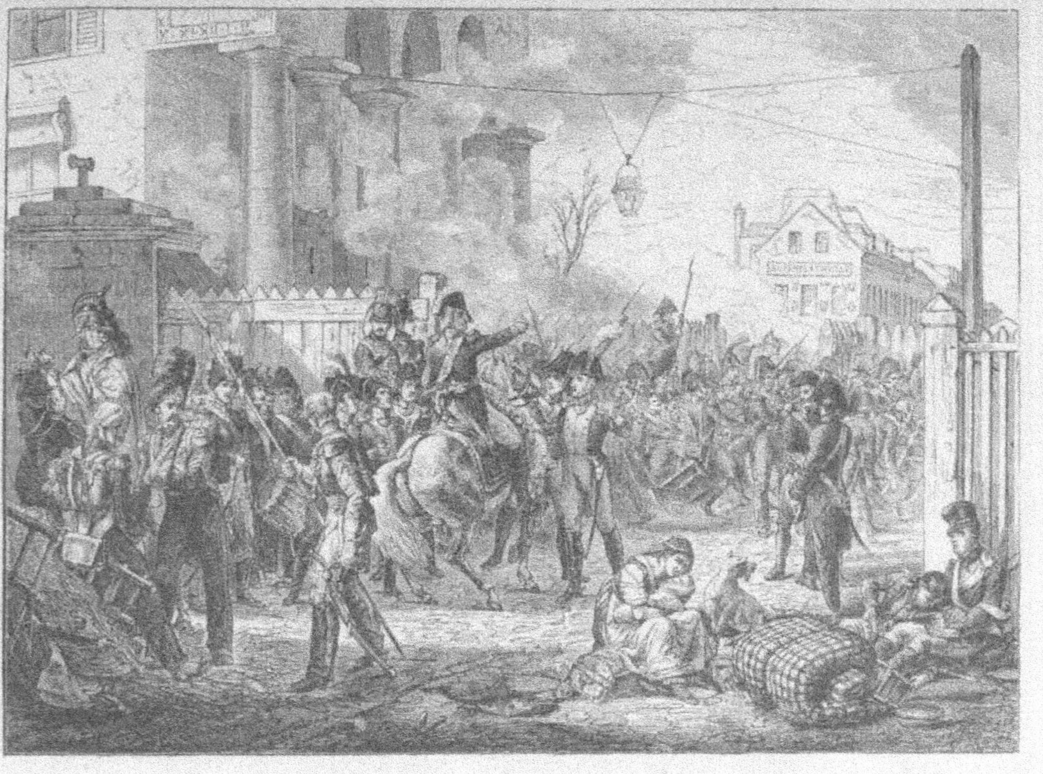

Moncey défendant la barrière de Clichy, par Horace Vernet. (Musée du Louvre.)

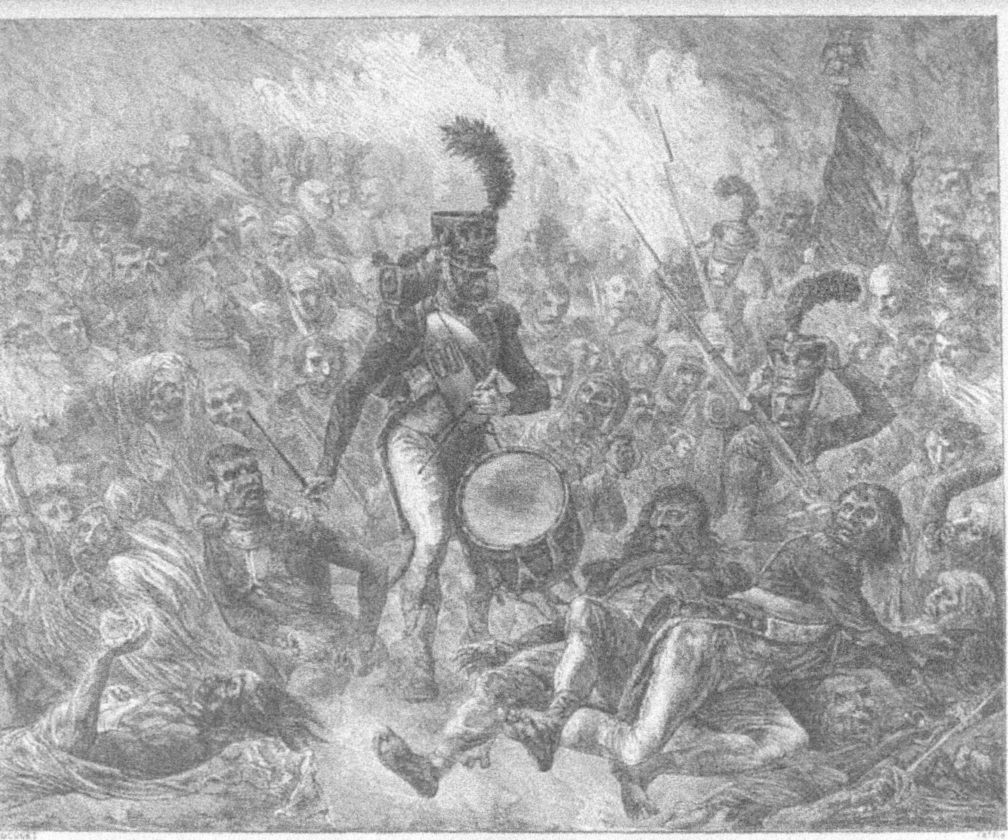

LE RÉVEIL, PAR RAFFET.

Sixtine, qui forme un contraste piquant avec une lourde composition religieuse, *Jésus donnant les clefs à saint Pierre* (n° 788). Dans le tableau de la *Vierge à l'Hostie*, le personnage principal et les deux anges présentent un dessin d'une pureté merveilleuse. La *Jeanne d'Arc* est une œuvre assez froide, malgré les recherches du coloris; les lignes, comme toujours, sont tracées d'une main sûre et charmante. Les deux tableaux de la salle Duchâtel, la *Source*, si vantée, et l'*Œdipe consultant le Sphinx*, n'ont pas, malgré leur attrait, de qualités assez grandes pour excuser à nos yeux la froideur du coloris et la raideur du relief. Le *Portrait du musicien Cherubini* (n° 790), avec la bizarre figure allégorique qui l'accompagne, n'est guère non plus une œuvre d'une haute valeur artistique. En revanche, le *Portrait de M. Rivière* (n° 793), et surtout celui de *Madame Rivière* (n° 794), sans avoir une vie aussi forte que les portraits de David, séduisent par leur élégante vérité. Le portrait de Madame Rivière est l'un des ouvrages qui permettent le mieux de juger le coloris bizarre et nuancé du chef de l'École classique. D'autres tableaux, le *Virgile lisant l'Énéide* du Musée de Bruxelles, le *Saint Symphorien* de la cathédrale d'Autun, et surtout d'incomparables portraits de femmes, permettent d'apprécier mieux encore le sentiment de beauté tout classique du maître de Montauban, et l'influence énorme qu'il a exercée sur la manière de ses successeurs.

A mi-chemin entre l'art romantique de Delacroix et l'art classique d'Ingres se place un art qui tient de l'un et de l'autre, mais qui se fait remarquer surtout par son caractère raisonnable, ennemi de tout excès. Les principaux représentants de cet art moyen sont Paul Delaroche et Horace Vernet.

Paul Delaroche (1797-1856) avait reçu les leçons de Gros;

un grand nombre de ses tableaux historiques, parmi lesquels

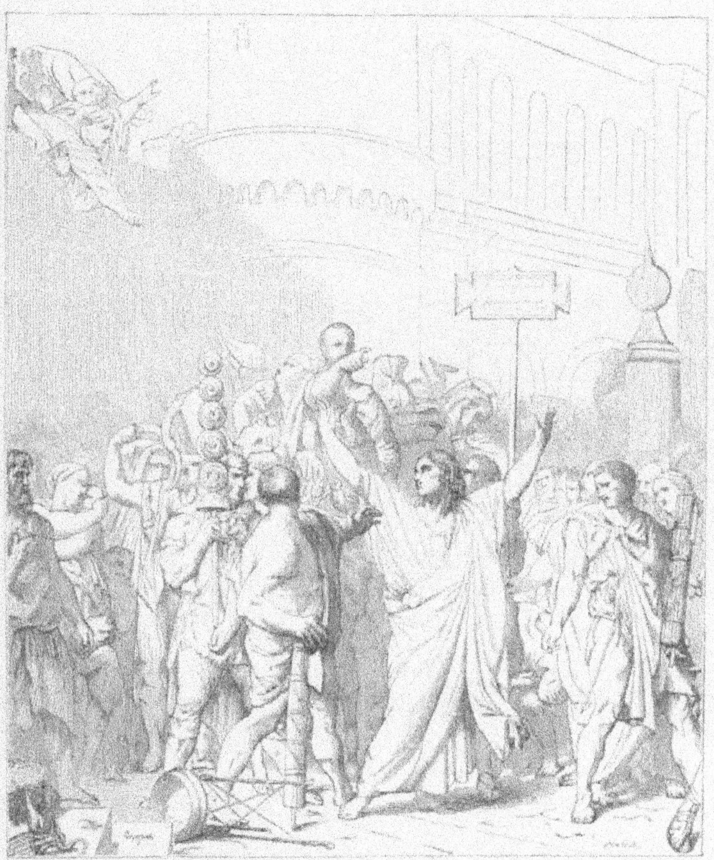

MARTYRE DE SAINT SYMPHORIEN, PAR INGRES.

on doit citer la *Mort d'Élisabeth*, *Cromwell regardant le cadavre de Charles Ier*, l'*Assassinat du duc de Guise*, et surtout les *Enfants d'Edouard*, lui acquirent un éclatant succès de popularité. Sa renommée s'accrut encore par la composition de diverses scènes religieuses et surtout par la grande fresque qu'il peignit dans l'*Hémicycle de l'École des Beaux-Arts;* dans cet ouvrage, il a représenté tous les grands artistes entourés de leurs disciples : peintres, sculpteurs, architectes, depuis Phidias et Apelle jusqu'à Léonard de Vinci, Raphaël, Michel-Ange, Rubens, Rembrandt, Murillo, le Poussin, etc... Toutes ces figures, si différentes par l'expression et de costumes si variés, « composent, écrit Charles Blanc, un certain ensemble; elles sont à la fois distinctes et reliées entre elles, tantôt par le geste, tantôt par la similitude des tempéraments; elles se parlent, s'écoutent, se répondent, et celles qui demeurent séparées forment comme un repos dans le mouvement général de la composition, comme un silence au milieu de cette bourdonnante conversation d'immortels. »

Horace Vernet (1789-1863) ne fut pas moins célèbre. Après avoir étudié sous la direction de son père, Carle Vernet, il se livra de préférence à la composition de sujets militaires et devint le peintre de batailles officiel de Louis-Philippe et de Napoléon III. Artiste très adroit, doué d'une rare fécondité, Horace Vernet a gâté son réel talent par un abus de l'improvisation ; ses grandes compositions, la *Bataille d'Isly*, la *Prise de la Smala*, de Versailles, la *Judith* du Louvre, etc., n'apparaissent guère aujourd'hui que comme d'intéressants efforts. En revanche, le même peintre a su trouver des mouvements très heureux et des détails très délicats dans divers petits tableaux où il a représenté des scènes de la vie militaire. L'aimable composition : *Moncey défendant la barrière*

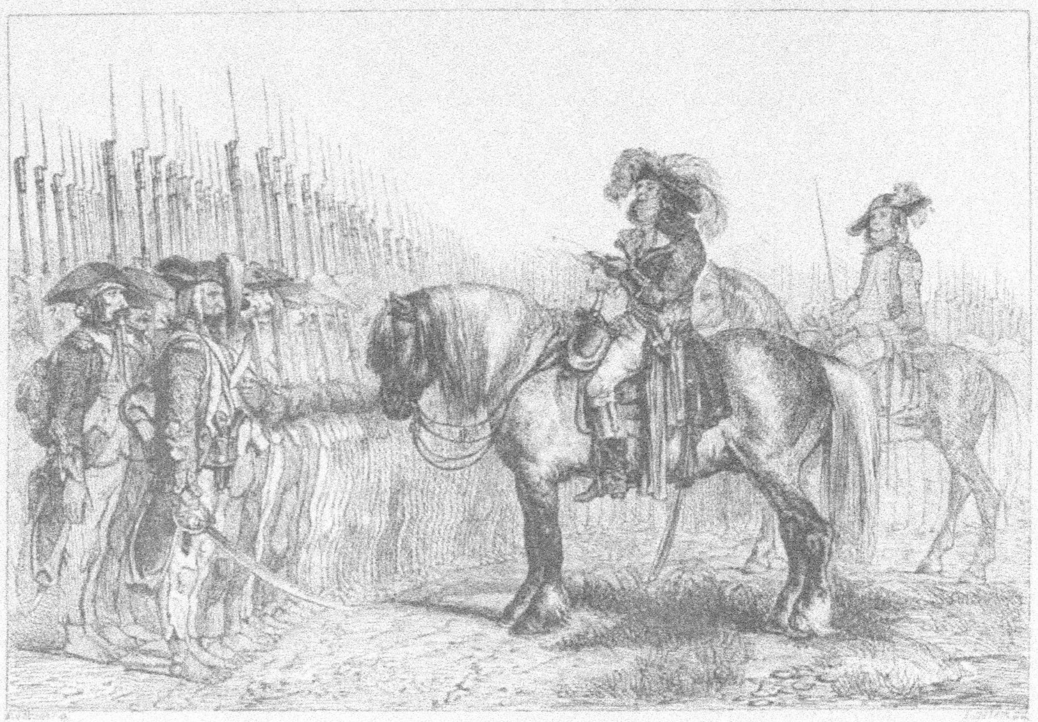

ORDRE DU JOUR, PAR RAFFET.

de Clichy, du Louvre (n° 871), et le *Cheval du trompette*, que nous reproduisons ici, peuvent servir de type à ce genre simple et sans prétention, qui avait été cultivé déjà, avant Horace Vernet, par deux peintres et dessinateurs remarquables, Raffet et Charlet.

Nicolas-Toussaint Charlet est né à Paris le 20 décembre 1792. Après avoir étudié le dessin sous la direction de Gros,

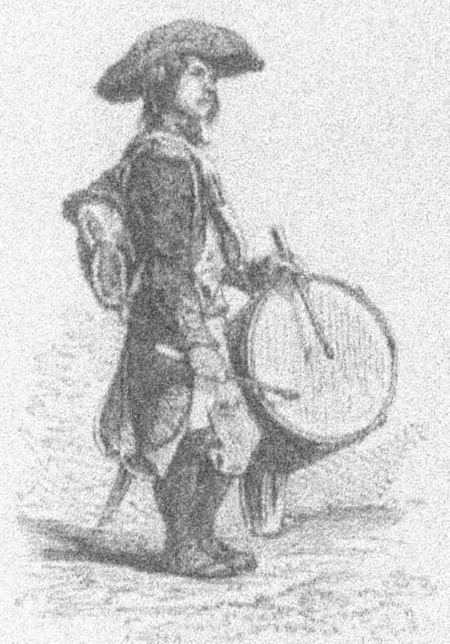

Le Tambour, par Raffet.

il s'occupa spécialement de lithographie, et il a laissé dans ce genre plus de deux mille pièces pleines de vérité et d'entrain, où toutes les phases de la vie militaire sont reproduites, sous une forme tantôt sérieuse tantôt humouristique. Charlet ne s'est occupé de peinture proprement dite que dans une période assez avancée de sa vie ; encore a-t-il peint plutôt des aquarelles que des tableaux. Pourtant les quelques tableaux qu'il a laissés, l'*Épisode de la campagne de Russie*, du musée de

Lyon, le *Passage du Rhin à Kehl*, du musée de Versailles, le *Ravin*, du musée de Valenciennes, sont dans leur genre des chefs-d'œuvre d'un réalisme sobre et sans affectation. Charlet, qui avait longtemps enseigné le dessin à l'École polytechnique, est mort à Paris en 1845.

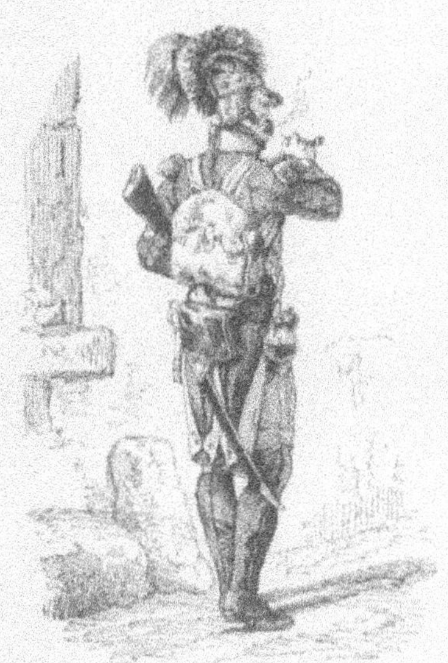

Grenadier, par Horace Vernet.

Denis-Auguste-Marie Raffet était un élève de Charlet. Né à Paris le 2 mars 1804, il était très jeune encore lorsque la mort de son père, qui périt victime d'un assassinat, l'obligea à entrer en apprentissage chez un tourneur en bois ; c'est seulement à ses heures de loisir qu'il put étudier le dessin ; il y fit des progrès assez rapides pour que Charlet, en 1824, s'intéressât à lui et s'offrît à lui donner des leçons. Si Charlet n'a laissé que peu de tableaux, Raffet s'est consacré tout entier à la lithographie et à la gravure. Son œuvre, tout en ayant avec celle de son maître de fortes analogies extérieures, s'en distingue par quelque chose de plus profond et pour ainsi dire de plus héroïque. Les lithographies où il a retracé divers épisodes de la bataille de Waterloo et sa célèbre planche du *Réveil*, etc., sont de véritables poèmes, dont M. Mantz a pu dire justement qu'ils « réconciliaient la poésie avec l'histoire ». Raffet est mort à Gênes, en Italie, en 1860.

Mais, dès le temps de la plus grande renommée d'Horace Vernet, un art nouveau s'était constitué en France, un art à la fois réaliste et passionné, mettant à profit l'héritage de Delacroix et celui d'Ingres; cet art est celui dont se fait gloire encore aujourd'hui l'École française de peinture.

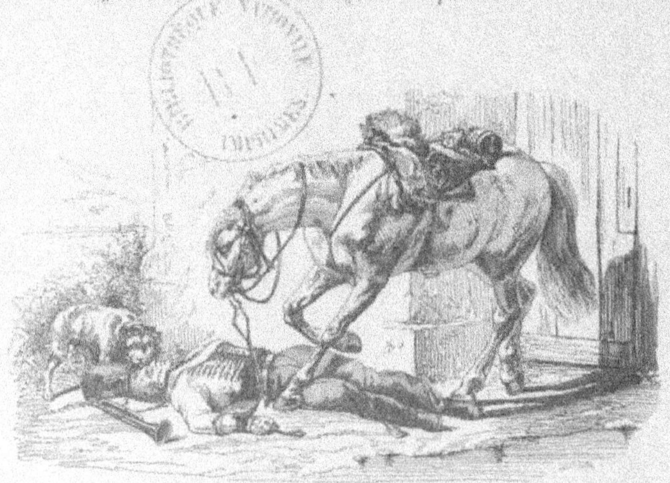

TABLE DES GRAVURES.

TABLE ALPHABÉTIQUE DES PEINTRES

DONT LES ŒUVRES SONT REPRODUITES DANS CE VOLUME.

TABLE DES MATIÈRES.

PREMIÈRE PARTIE.

LES ORIGINES DE LA PEINTURE FRANÇAISE DU DOUZIÈME AU DIX-SEPTIÈME SIÈCLE.

DEUXIÈME PARTIE.

LA PEINTURE FRANÇAISE AU DIX-SEPTIÈME SIÈCLE.

TROISIÈME PARTIE

LA PEINTURE FRANÇAISE AU DIX-HUITIÈME SIÈCLE.

QUATRIÈME PARTIE.

LA PEINTURE FRANÇAISE AU DIX-NEUVIÈME SIÈCLE.

www.ingramcontent.com/pod-product-compliance
Ingram Content Group UK Ltd.
Pitfield, Milton Keynes, MK11 3LW, UK
UKHW020246180726
13839UKWH00001B/210